Sorcière moderne

ASTRO, CRISTAUX, ORACLES ET AUTRES RITUELS
POUR RÉVEILLER VOTRE POUVOIR INTÉRIEUR

Sarina Lavagne
Charlotte Daubet

Sorcière moderne

ASTRO, CRISTAUX, ORACLES ET AUTRES RITUELS POUR RÉVEILLER VOTRE POUVOIR INTÉRIEUR

W. BOOKS
WITH PASSION

Toutes sorcières

—

Édito

Depuis quelques années, la figure de la sorcière fait son grand retour. Loin des images terrifiantes qui ont pu traumatiser notre enfance, la sorcière moderne symbolise la liberté, l'indépendance et l'affirmation d'un pouvoir sacré. On la voit défiler dans les manif', nouvelle égérie des (éco-)féministes, mais aussi sur le Web, où elle partage ses rituels pour nous ouvrir à notre pouvoir intérieur.

Parce que oui, nous sommes TOUTES sorcières ! Et c'est bien là le point de départ du guide initiatique que vous tenez entre les mains : nous sommes toutes porteuses d'un pouvoir oublié dans une société déconnectée de la nature, de l'intuition, de l'inexplicable, du mystère du féminin sacré... de la magie ! Ce livre est une initiation douce aux rituels hérités de nos Anciennes pour révéler votre puissance.

Pouvoirs des plantes, des pierres, de la Lune, pratique de l'astrologie, tirage d'oracle... Osez réenchanter votre quotidien avec ce grimoire à corner et à annoter. Et surtout, laissez-vous guider par votre petite voix intérieure, celle de la sorcière qui sommeille en vous.

NE
RO
LI
Cone. Conus.
Pl. 324.
F.1.
F.5.
F.2.

Sommaire

Les sorcières modernes qui nous ont confié leurs rituels...

Elles explorent le monde de l'invisible, suivent leur intuition, assument leurs pouvoirs et transmettent leur savoir en créant leurs propres cercles de femmes ! Nos sorcières préférées nous initient à la magie en nous confiant leurs rituels, ceux qui rythment leur vie et les aident au quotidien...

Mayia Alleaume
Maquilleuse professionnelle, fondatrice de *Sentara Holistic*.
@sweetmayia

Amandine Arcs
Voyante, numérologue.
@amandinearcs

Katia Bougchiche
Psychothérapeute, guérisseuse initiée aux traditions chamaniques, autrice.
@katia_bougchiche

Odile Chabrillac
Professeure de kundamagie, naturopathe, thérapeute, activiste, autrice.
@odilechabrillac

Josée-Anne Sarazin-Côté
Fondatrice de@ouitch, autrice.
@joseeannesarazincote

Sophie Hérolt Petitpas
Astrologue, journaliste lifestyle et autrice.
@unsigneunstyle

Vanessa Krstic
Directrice des rédactions *New Witch et Horoscope Magazine*.
@vanessakrstic76

Sandrine Verrycken
Astrologue, coach astrologique et autrice.
@astroetik

Aurore
Cartomancienne médium.
@lafilledeletoile_

Sorcières d'hier et d'aujourd'hui

Nous avons toutes grandi avec des histoires de sorcières : souvent maléfiques comme celles de *Blanche-Neige* ou de *La Belle au Bois Dormant*, plus rarement sympathiques comme Samantha de *Ma sorcière bien-aimée,* ou inspirantes comme Hermione Granger dans *Harry Potter.* Figure ancestrale et polymorphe, la sorcière s'est enrichie au fil des siècles d'un imaginaire délirant conçu, aux origines, pour discréditer et éliminer la femme indépendante, savante, puissante et connectée à l'invisible.

Aujourd'hui, on observe un retour de la figure de la sorcière, porté par des féministes déterminées à lever le voile sur ce pan de l'Histoire si injustement (voire pas du tout) traité, mais aussi par des femmes désireuses de se reconnecter à leur féminin sacré et de se réapproprier les savoirs ancestraux hérités des sorcières (connaissance des plantes, des pierres, de l'astrologie, etc.) que nous vous proposons de (re)découvrir dans ce livre.

Avant de plonger dans les trésors que nous offrent ces savoirs, il est important de revenir sur l'histoire des sorcières. Comment cette figure autrefois vénérée s'est-elle transformée en ennemie à abattre ? Comment expliquer qu'on en parle si peu dans les manuels d'histoire ? Cette introduction n'a pas vocation à être exhaustive, mais invite à une réflexion profonde sur l'héritage de la chasse aux sorcières dans nos sociétés contemporaines.

“NOUS SOMMES
les petites filles
des sorcières
que vous n’avez
pas réussi à brûler.”

Depuis des milliers d'années, des femmes vénérées et respectées pour leurs pouvoirs

L'Antiquité nous offre un grand panorama de femmes aux pouvoirs extraordinaires : Circé, la magicienne de l'*Odyssée* d'Homère, qui tente d'ensorceler Ulysse et qui transforme les compagnons de celui-ci en porcs ; ou encore Médée, nièce de Circé, magicienne et experte dans l'art des médicaments et des poisons, qui aide Jason dans sa quête de la Toison d'or. *La magie au féminin est un élément incontournable de la littérature antique. Le latin a livré une multitude de vocables pour en parler et a contribué à forger nos conceptions de ces femmes qui flirtent avec le surnaturel*[1].

De nombreuses sociétés vénéraient des déesses dotées de pouvoirs magiques. Ces figures féminines connectées à l'invisible étaient respectées. Plus communément, jusqu'à la Renaissance, les figures de la magicienne et de la guérisseuse ne faisaient souvent qu'un : il s'agissait la plupart du temps de femmes dotées d'une grande connaissance des plantes et des remèdes. Leur expérience et leur sagesse faisaient d'elles des personnes respectées dans les villages et sollicitées en cas de maladie, de soucis de récolte, de contentieux entre villageois, etc.

À quel moment la sorcière a-t-elle cessé d'être une figure puissante et respectée ? Progressivement – sournoisement –, un climat de misogynie s'est imposé, largement encouragé par le christianisme qui faisait porter à la femme tout le poids du péché originel avec le mythe d'Adam et Ève.

La naissance du mythe de la sorcière méprisable

Le pouvoir des femmes a été au départ subtilement dénigré, puis ignoré ; enfin, on a cessé de le respecter. Au fil du temps, pernicieusement, les femmes ont été privées de pouvoir. Tranquillement – tellement tranquillement au début qu'il était déjà trop tard lorsque l'on se mit finalement à s'inquiéter –, des hommes d'influence ont commencé à avoir peur du savoir des femmes[2].

À partir de la fin du Moyen Âge, la sorcière est diabolisée. Autrefois tolérée, la sorcellerie finit par être combattue, en particulier dès 1326, à la suite de la publication d'une bulle éditée par le pape Jean XXII, qui qualifie la sorcellerie d'hérésie. La première personne à être jugée pour sorcellerie par le Parlement de Paris est Jeanne de Brigue, dite La Cordelière, le 29 octobre 1390.

La première figure manuscrite de la sorcière apparaît vers 1440 dans la marge de l'ouvrage *Champion des dames*, de Martin Lefranc. L'enlumineur de l'ouvrage y représente deux femmes enfourchant

---

1. *Qui voulait la peau des sorcières ?* Romain Gonzalez – entretien avec Maxime Perbellini, doctorant en histoire médiévale, vice.com, 16 février 2016.
2. *Le Grand Livre du Féminin sacré*, Josée-Anne Sarazin-Côté, Marabout, 2019.

l'une un balai, l'autre un bâton. C'est en effet au XVe siècle que naît le mythe du sabbat : des assemblées nocturnes et hors de contrôle où se seraient rendues, par la voie des airs, des sorcières pour s'adonner à des orgies, dévorer des enfants, forniquer avec le diable et célébrer des messes à l'envers.

Un livre en particulier a joué un rôle déterminant dans la propagation de ces croyances fantaisistes : *Le Marteau des sorcières* (*Malleus maleficarum*) publié en 1487, considéré comme un manuel de chasse aux sorcières. Œuvre de deux inquisiteurs, l'Alsacien Henri Institoris et le Bâlois Jakob Sprenger, il est réédité une quinzaine de fois, et diffusé à trente mille exemplaires dans toute l'Europe durant les grandes chasses – les débuts de l'imprimerie n'ont pas eu que du bon. On compte aujourd'hui 75 exemplaires d'époque retrouvés à travers le monde, ce qui témoigne de son triste succès. Loin du gros grimoire encombrant, l'ouvrage est volontairement édité en format in-8 (l'ancêtre du Livre de Poche) pour permettre aux juges de le consulter facilement et discrètement lors des audiences ou pour être glissé dans la poche d'un maximum de gens…

On fait souvent l'erreur de situer [la chasse aux sorcières] au Moyen Âge, dépeint comme une époque reculée et obscurantiste avec laquelle nous n'aurions plus rien à voir, alors que les grandes chasses se sont déroulées à la Renaissance – elles ont commencé vers 1400 et pris de l'ampleur[3] surtout à partir de 1560.

Notons que l'Inquisition a finalement très peu pourchassé les sorcières. Ce sont les cours civiles qui les ont majoritairement condamnées.

La chasse aux sorcières, un grand génocide féminin

Les premières victimes, les guérisseuses et les sages-femmes

La chasse aux sorcières a permis aux médecins de l'époque (des hommes, car la pratique de la médecine était interdite aux femmes) d'éliminer la concurrence des guérisseuses, tout en s'appropriant leurs découvertes. À cette période en effet, une nouvelle vision du monde, plus rationnelle, s'installe. *Le savoir des hommes s'apprenait de l'extérieur :* via *un maître, à l'école, par transmission, par apprentissage. Une partie du savoir féminin était également transmis, mais l'essentiel était intérieur, instinctif, intuitif. […] Ne comprenant pas ce savoir féminin, certains hommes d'influence ont donc commencé à le redouter[4].*

Les sages-femmes ont également été des cibles faciles : quand un accouchement ne se passait pas bien et que l'enfant mourait, elles étaient accusées de l'avoir tué.

3. *Sorcières, la puissance invaincue des femmes*, Mona Chollet, Zones, 2018.
4. *Le Grand Livre du Féminin sacré*, Josée-Anne Sarazin-Côté, Marabout, 2019.

Le Marteau des sorcières, 1487

L'ouvrage détaille avec minutie toutes les techniques pour repérer les sorcières (elles auraient le pouvoir de faire disparaître les sexes masculins pour s'en constituer une collection gardée dans des bocaux) et s'en débarrasser. Voici quelques éléments détaillés dans l'ouvrage qui témoignent de la quasi impossibilité pour une femme accusée de sorcellerie d'échapper à la mort :

✸ La recherche de la marque du diable

Après leur arrestation, les accusées étaient dénudées, rasées et livrées à un « piqueur », qui avait pour mission de rechercher la marque du diable sur ou à l'intérieur (notamment les parties génitales...) du corps, en y enfonçant de longues aiguilles en argent. Beaucoup s'évanouissaient durant cette torture. N'importe quelle tache ou cicatrice pouvait faire office de preuve. On imagine à quel point il était facile de trouver une tache de vieillesse sur les femmes âgées...

✸ L'ordalie par l'eau froide

L'épreuve consistait à plonger l'accusée dans une eau froide bénite (souvent une rivière). Si elle coulait, c'est qu'elle était innocente. Si, en revanche, elle flottait, elle était une sorcière et donc condamnée à mort. Montesquieu rapporte que la plupart des femmes accusées de sorcellerie étaient âgées, frêles, voire squelettiques car vivant en marge de la société. Elles avaient donc tendance à flotter.

✸ La torture

Corps désarticulé par l'estrapade, brûlé par des sièges en métal chauffés à blanc, os des jambes brisés par les brodequins... La consigne donnée aux bourreaux était de ne surtout pas se laisser attendrir par les supplications et les larmes, ruse diabolique pour échapper au bûcher.
On retrouve aussi une fascination malsaine pour la sexualité féminine puisque de nombreuses questions de l'interrogatoire portent sur le rapport sexuel que la sorcière aurait eu avec le diable.

Si l'enfant avait une malformation ou un problème de santé, elles lui avaient jeté un sort.

Un moyen d'éliminer les femmes puissantes ou encombrantes

La vieille femme a été particulièrement persécutée : ayant une espérance de vie plus longue que celle des hommes, les vieilles femmes pouvaient avoir eu plusieurs maris et finir par vivre seules, en autonomie, à l'écart du village, sans tutelle masculine. Scandale ! L'imagerie de la sorcière renvoie d'ailleurs très souvent à cette image de vieille femme laide, osseuse, aux longs cheveux gris. Célibataires et veuves ont constitué une part importante des condamnées : ces femmes en dehors de toute tutelle masculine posaient problème dans une société où nulle n'est censée pouvoir se débrouiller seule.

De même, les procès pour sorcellerie ont été d'excellents moyens de se débarrasser de femmes encombrantes : une maîtresse un peu trop bavarde, une voisine trop revancharde, une épouse trop arrogante... Inutile d'apporter des preuves, une simple rumeur suffisait à déclencher la machine infernale du procès.

Un bilan meurtrier qui restera à jamais flou

Il est difficile d'établir un bilan humain des chasses aux sorcières. Dans les années 1970, les mouvements féministes parlaient de 1 million de victimes, voire bien plus (9 millions selon le manifeste *W.I.T.C.H.*, quand d'autres parlent de 13 millions). Aujourd'hui, on s'accorde sur 50 000 à 100 000 victimes, mais c'est sans compter celles qui ont été lynchées, qui se sont suicidées ou qui sont mortes en prison des suites de leurs tortures ou de leurs conditions de détention. On estimait d'ailleurs que lorsqu'une femme se suicidait ou mourait avant sa condamnation, c'était l'œuvre du diable revenu chercher sa victime... L'usage voulait aussi que les documents relatifs aux procès de sorcellerie soient brûlés et le nom des condamné(e)s effacé de l'état civil pour qu'il n'en reste plus aucune trace.

« Qui est ce diable dont le spectre, à partir du XIVe siècle, s'est mis à grandir aux yeux des hommes de pouvoir européens derrière chaque guérisseuse, chaque magicienne, chaque femme un peu trop audacieuse ou remuante, jusqu'à faire d'elles une menace mortelle pour toute la société ? **Et si le diable, c'était l'autonomie ?** »

MONA CHOLLET

> *« La machine à fabriquer l'homme nouveau était aussi une machine à tuer les femmes anciennes[5]. »*
>
> GUY BECHTEL

La fin des bûchers

Quand les procès en sorcellerie ont fini par toucher les classes plus aisées, la chasse aux sorcières a commencé à s'essouffler. Des exécutions ont encore lieu à la fin du XVIIIe siècle, comme celle d'Anna Göldi, décapitée à Glaris en Suisse en 1782, ou celle de deux Polonaises qui auraient été exécutées pour sorcellerie en 1793. En France, le 28 juillet 1826, une femme accusée de sorcellerie est brûlée par des paysans à Bournel, et en 1856, une autre est jetée dans un four à Camalès. Par la suite, on ne brûle certes plus les sorcières, mais n'aurait-on pas muselé les femmes ?

Les exécutions des sorcières se faisant en public, cette mise en scène était devenue *un puissant instrument de terreur et de discipline collective*[6]. Quelle femme allait alors oser s'exprimer, se révolter, quand un mot de travers suffisait à la mener au bûcher et à menacer sa famille et ses proches ? Par la suite, l'incapacité de la femme mariée sera consacrée en France par le code civil de 1804.

Et les sorciers dans tout cela ?

Bien sûr, ces chasses ont également tué des hommes accusés de sorcellerie. Mais les femmes ont représenté 80 % des accusés et 85 % des condamnés. Soit l'écrasante majorité. Et il est intéressant de noter que la plupart des hommes accusés de sorcellerie l'étaient pour être proches de sorcières ou pour avoir pris la défense d'une femme accusée de sorcellerie. On imagine bien qu'un frère ou un père hésite à défendre sa sœur ou sa fille devant les tribunaux...

---

5. *La Sorcière et l'Occident*, Guy Bechtel, Plon, 1997.

6. *Sorcières, la puissance invaincue des femmes*, Mona Chollet, Zones, 2018.

La chasse aux sorcières a forgé le monde d'aujourd'hui

Il ne faut pas sous-estimer l'impact de la chasse aux sorcières sur l'image et la condition de la femme aujourd'hui. Une femme jeune, soumise, discrète, qui ne fait pas de vagues : telle a longtemps été la figure de la femme idéale encouragée par la société patriarcale.

Autrefois, *les femmes n'avaient pas peur de vieillir. Elles avaient au contraire hâte de parvenir à cette période de leur vie où elles atteindraient leur plein pouvoir, en étant entièrement connectées à leur sagesse et à leur intuition, où elles joueraient un rôle important dans leur village pour guider les leurs du mieux possible, interpréter les messages des ancêtres et transmettre leur savoir aux plus jeunes*[7]. Encore aujourd'hui, il est difficile pour les femmes d'assumer une crinière argentée (de sorcière ?) qu'on juge souvent comme négligée. Mais *négligée, ne signifierait-il pas en réalité affranchie, incontrôlable ?*[8] On lutte inlassablement contre les signes de l'âge, on considère qu'après la ménopause, notre énergie sexuelle s'éteint et que l'on devient un poids pour la société... Pas très branchant comme programme !

La retour de la sorcière moderne

Depuis quelques années, on assiste à un retour de la figure de la sorcière sous un nouveau visage. *Elles sont devenues une figure féministe emblématique qui revendique par défi la puissance terrifiante que leur prêtaient les juges*[9].

C'est l'Américaine Matilda Joslyn Gage (1826-1898), féministe et militante pour le droit de vote des femmes, qui réveille la première l'histoire des sorcière et revendique en être une. Dans les années 1970 naît le mouvement W.I.T.C.H. (*Women's International Terrorist Conspiracy from Hell*) qui se mobilise aux États-Unis pour la libération des femmes et opère à travers diverses actions fortes et féministes. Certains groupes de femmes ressuscitent encore ce mouvement par des actions ponctuelles.

Aujourd'hui, nombreuses sont celles qui se revendiquent sorcières : le terme perd à juste titre sa connotation péjorative pour, au contraire, incarner l'image de la femme affranchie et libre.

Parallèlement aux actions militantes féministes, on observe plus généralement une recrudescence d'intérêt pour l'ésotérisme chez les femmes de tous milieux : connaissance des plantes pour prendre soin de sa santé, lithothérapie, astrologie, oracle, méditation, rituels de

7. *Le Grand Livre du Féminin sacré*, Josée-Anne Sarazin-Côté, Marabout, 2019.
8. *Sorcières, la puissance invaincue des femmes*, Mona Chollet, Zones, 2018.
9. *Ibid.*

purification... Nombre de savoirs ancestraux refont surface et comptent de plus en plus d'adeptes soucieuses de se reconnecter à leur féminin sacré et de prendre soin de notre Terre, perçue non plus comme une nature à asservir mais comme une mère nourricière à protéger.

La quête d'une reconnexion au féminin sacré

Le féminin et le masculin sacrés sont les énergies divines que nous portons toutes et tous en nous. Il s'agit en quelque sorte des idéaux énergétiques à atteindre pour trouver notre équilibre intérieur, mais aussi au sein de la société[10]. L'équilibre est le mot clé à retenir, car aucune énergie n'est meilleure que l'autre. Malheureusement, on observe aujourd'hui dans nos sociétés une domination de l'énergie masculine déséquilibrée (et non du masculin sacré) qui devient une quête de pouvoir et de puissance. C'est pourquoi on parle beaucoup aujourd'hui de féminin sacré qui doit refaire sa place.

Par l'apprentissage de rituels, par la reconnexion à la nature et ses bienfaits, par une réappropriation de son corps oublié et maltraité, chaque femme (et chaque homme !) est invitée à se reconnecter à cette part d'elle-même. La suite de cet ouvrage est une invitation à une initiation douce aux rituels qui ont traversé les âges et qui nous reconnectent avec le sacré qui sommeille en nous.

« La sorcière incarne la femme
affranchie de toutes les dominations,
de toutes les limitations ;
elle est un idéal vers lequel tendre,
elle montre la voie. »

MONA CHOLLET

10. *Le Grand Livre du Féminin sacré*, Josée-Anne Sarazin-Côté, Marabout, 2019.

Elles ne s'inclinaient devant aucun homme, étant les seules survivantes de la culture la plus ancienne de toutes, celle où hommes et femmes partageaient également les tâches dans une société véritablement coopérative avant que la répression mortelle spirituelle, économique, sexuelle, de la « Société phallique impérialiste » ne l'emportât et ne se mît à détruire la nature et la vie humaine.

La sorcière vit et rit en chaque femme.

C'est la partie libre de chacune d'entre nous,
sous les sourires timides,
la passivité devant l'absurde domination masculine,
le maquillage ou les vêtements étouffants
qu'impose notre société malade.

Inutile d'adhérer à W.I.T.C.H.

Si vous êtes une femme et que vous osez regarder à l'intérieur de vous-même, alors vous êtes une sorcière.

Vous établissez vos propres règles.

Vous êtes libre et belle.

EXTRAIT DU MANIFESTE W.I.T.C.H
(*Women's International Terrorist Conspiracy from Hell*), New York, 1968

Les
outils
de la
sorcière
moderne

LES OUTILS DE LA SORCIÈRE MODERNE

Magie verte

Les plantes à conserver chez soi

Nous aimons toutes vivre entourées de verdure et de fleurettes de toutes sortes, y compris en milieu urbain, quand on flâne gaiement dans les jardins publics ou qu'on teste la verdeur de nos pouces chez nous, sur de belles plantes d'intérieur. Mais a-t-on conscience que ces organismes vivants sont bien plus que des objets de déco ou de simples « touches fraîcheur » dans nos vies trépidantes ?

Certaines porteraient bonheur, attiseraient le désir ou favoriseraient l'arrêt de la cigarette, d'autres guérissent certains maux (on le sait depuis des millénaires), et de très nombreuses sont aussi de vrais éléments fondateurs et accessoires indispensables de l'ésotérisme. On retrouve d'ailleurs dans notre langage courant de beaux exemples de cet attachement instinctif et presque mystique qui nous lie au monde végétal. Ne dit-on pas « toucher du bois » ou « avoir la guigne » (une petite cerise pourtant toute mignonne) ?

Utilisées dans de très nombreux rituels, les plantes peuvent être nécessaires pour purifier, apaiser, transformer des énergies négatives ou nous protéger. Elles peuvent aussi servir à confectionner des grigris ou des enveloppes magiques, selon le but à atteindre, bien sûr.

À nos chaudrons donc,
chères sorcières « New Era » !
Et découvrons les plantes
à inscrire le plus urgemment
dans nos grimoires.

Cèdre

Surnommé l'arbre de la Paix, le cèdre est le parfait exemple d'équilibre des polarités masculines et féminines. Principalement connu pour ses vertus aromatiques, il est l'arbre de la majesté, pouvant atteindre des hauteurs de plus de 45 mètres. Depuis l'Antiquité, sa résine odorante sert d'encens, participe aux embaumements et aux traitements des parasites et des maladies infectieuses. Sa fumée, chez les Tibétains comme chez les Amérindiens, purifie l'air et les lieux. Suspendu au-dessus des murs d'une maison, il repousse la foudre et protège des mauvaises entités. Il est aussi très présent dans les sachets d'amour…

Ses pouvoirs

En aromathérapie, il aide à lutter contre la cystite et les affections de la peau et des bronches. Il est antiseptique, cicatrisant, décongestionnant, soulage les jambes lourdes et les œdèmes. Il permet aussi de calmer les anxiétés, les addictions, les dépressions chroniques et les troubles du sommeil. Et il reste un compagnon de méditation parfait !

Nos rites d'initiation

L'huile essentielle de cèdre doit être diluée avec précaution dans de l'eau, car elle est très active et ne doit pas être utilisée par les femmes enceintes.

En inhalation, l'huile essentielle de cèdre soigne les bronchites ou les rhumes. Dans des diffuseurs, elle calme les esprits et aide à méditer ou à se relaxer. En application (diluée dans une huile végétale), en massage, elle relâche les tensions musculaires. Et en ingestion (diluée, toujours), elle lutte contre les infections urinaires.

Gingembre

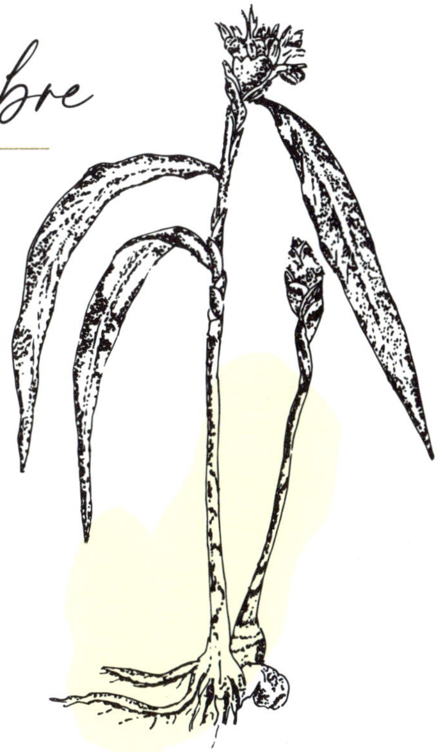

Si sa réputation d'aphrodisiaque le précède (*a priori* à raison), le gingembre a beaucoup d'autres pouvoirs magiques et les sorcières en ont fait un élément incontournable de nombre de leurs rituels.

Il possède évidemment un pouvoir d'amour ou de sentiments, mais aussi de protection des biens, de retour de richesses ainsi que de force et de puissance. Un sacré programme pour cette racine venue d'Asie, connue pour ses bienfaits depuis cinq mille ans et très présente en médecine ayurvédique, car extrêmement riche en actifs thérapeutiques.

Ses pouvoirs

Très apprécié dans notre alimentation, le *Zingiber Officinale* est formidable à consommer pour booster le système immunitaire et lutter contre la fièvre ou les allergies.

Il soulage les douleurs de migraines ou de règles, stimule l'appétit et calme les désordres digestifs.

En utilisation externe, il apaise les douleurs musculaires, rhumatismales, et les sciatiques. Bien plus donc qu'un simple stimulant sexuel !

Nos rites d'initiation

En tisane (délicieuse, d'ailleurs !) ou en infusion, il calme les nausées de grossesse, les douleurs post-opératoires ou le mal des transports.

Consommé régulièrement, il nous aide à fortifier notre métabolisme aux changements de saison ou l'hiver, quand il fait bien froid. On peut aussi le consommer frais, en tranches ou râpé sur des salades ou des plats de légumes.

Avec l'huile essentielle, on peut calmer les douleurs localisées en frictionnant l'endroit concerné et en cas de maux de gorge, un petit gargarisme de teinture-mère diluée dans de l'eau tiède fait des merveilles !

Jasmin

On a toutes en tête l'odeur divine dégagée par ces ravissantes fleurs blanches courant sur des buissons verdoyants. Le jasmin, très apprécié des amateurs de thé et de parfum, est aussi utilisé depuis des lustres dans les médecines ayurvédique et chinoise pour soigner les infections, aider aux accouchements ou encore faire baisser la fièvre. En Orient, il incarne la beauté et la tentation féminine, ce n'est donc pas un hasard si on le retrouve fréquemment dans des rituels de magie amoureuse, des potions influençant les sentiments ou le désir charnel. Il faut dire qu'une goutte de sa fragrance peut vite faire chavirer les esprits !

Ses pouvoirs

Le jasmin est sédatif, il endort le système nerveux central et détend les muscles... son encens ferait même venir les rêves prémonitoires. Il est antispasmodique, prévenant les contractions musculaires inopportunes. Sous forme d'huile essentielle ou de tisane, il aide à lutter contre les dépressions, les troubles du sommeil ou les maux de tête. En utilisation externe, il aide à soigner des plaies ou à faire disparaître les crampes.

Nos rites d'initiation

Les jours de fatigue morale et physique, une bonne tisane ou un thé au jasmin permettent de faire passer tout ça en douceur. En cas de crampes musculaires ou intestinales, un petit massage avec son huile essentielle est très apaisant. On peut aussi l'utiliser sur la peau du visage pour ses effets antioxydants, antirides et anti-acné. Et le petit truc infaillible : quelques gouttes dans notre shampooing, et c'est le paradis assuré pour nos partenaires !

Laurier

Celui qu'on appelle aussi le laurier-sauce, ou en toute simplicité l'arbre d'Apollon, est considéré depuis fort longtemps comme un allié précieux contre toutes les forces et esprits négatifs. Ce n'est pas pour rien que ses feuilles ornaient la tête des empereurs romains ! Il aidait, selon les sages de l'époque, à surmonter les épreuves de toutes sortes : il est donc devenu l'emblème de la gloire et de la victoire.

Intuitive, une seule de ses feuilles passée sur du papier apporte l'inspiration à ceux qui veulent écrire. Offrir un bouquet de laurier à une mariée lui assure une union heureuse et durable.
Utilisée en fumigation pour purifier les autels et chasser les *bad energies*, la feuille de laurier aide aussi les prophétesses à lire l'avenir... Une plante très clairvoyante !

Ses pouvoirs

Vectrice de chance et de protection, cette plante du bassin méditerranéen facilite la digestion, réduit les ballonnements et, en vertu de ses propriétés diurétiques, aide à calmer les infections urinaires.
Ses propriétés anti-inflammatoires permettent de soulager les douleurs musculaires ou les entorses. En cas d'affections ORL, le laurier désinfecte les voies respiratoires.
Petit bonus : il est super bon pour le moral !

Nos rites d'initiation

Pour profiter de ses bienfaits, on peut préparer des infusions, par exemple contre les rhumes, sinusites et autres états grippaux, ou verser quelques gouttes d'huile essentielle dans son bain pour se relaxer. Contre les maux de dents, on le prend en gargarisme après les repas. Sur les zones douloureuses, dans le respect des précautions, un peu d'huile en pommade calme les inflammations.

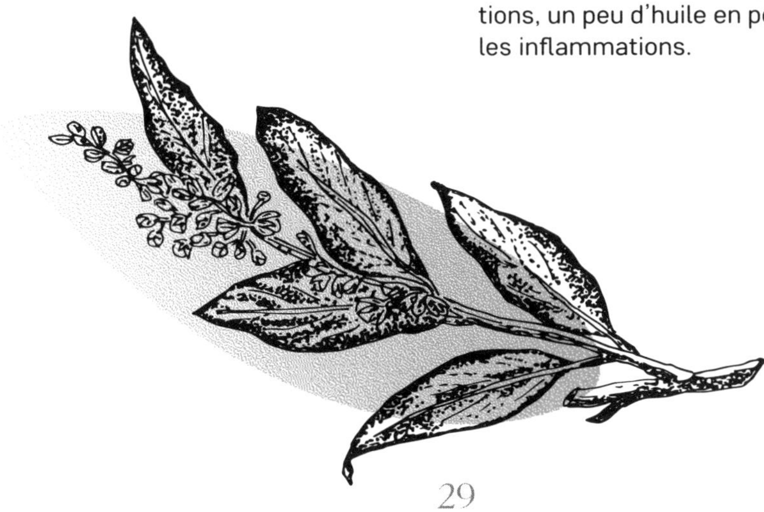

Lavande

La lavande, certainement l'une des plantes les plus « domestiquées » en Europe, est avant tout très appréciée pour les qualités odorantes de ses fleurs. Symbole de fraîcheur, de propreté et d'ambiance solaire, puisqu'elle pousse essentiellement autour du bassin méditerranéen, elle était déjà considérée au temps des Romains comme une plante précieuse. Inutile de préciser qu'elle tient aussi une place prépondérante dans l'herbier de base des sorcières averties.

Ses pouvoirs

Relaxante, son huile essentielle est certainement l'une des seules à pouvoir être utilisée pure, puisque très bien tolérée par nos métabolismes. Elle est utilisée dans les rituels de santé, de paix. Elle soulage les états dépressifs en équilibrant nos émotions et en favorisant le sommeil. Elle a aussi la capacité de faire revenir une atmosphère zen dans nos maisons. Un vrai philtre doudou !

Nos rites d'initiation

On la place dans des diffuseurs d'huiles essentielles et on la balade partout dans la maison quand on se sent un peu stressée. On la vaporise sur nos oreillers quand on a du mal à s'endormir. Et on sèche ses fleurs fraîches à la saison, pour en disposer dans nos armoires et nos commodes et assainir le linge tout au long de l'année.

Mandragore

Originaire de Syrie, cette plante mystérieuse est à l'origine de très nombreuses légendes. Les Anciens lui octroyaient en effet des vertus extraordinaires.
On prête à sa racine, à la fois rare et mythique, un pouvoir de philtre d'amour lorsqu'elle est portée en talisman ou ingérée. Sous forme d'onguent, elle aurait permis aux sorcières du XVIe siècle de voler sur leurs balais (sans doute planaient-elles vraiment !).
Sa forme vaguement humaine l'a élevée au rang de la plante la plus puissante et la plus dangereuse, mais elle restait avant tout l'une des plus grandes alliées des soigneurs de l'Antiquité. Les Égyptiens et les Perses, avaient déjà bien perçu les incroyables qualités médicinales de celle qui fut même intronisée « plante star des sorciers » dans les fameux *Harry Potter* !

Ses pouvoirs

Longtemps utilisée dans des mélanges anti-rhumatismes, elle servait aussi autrefois à faciliter les accouchements et à réguler les menstruations.

La mandragore possède des propriétés anesthésiantes et hypnotiques, mais aussi hallucinogènes grâce à certains composants comme des alcaloïdes psychotropes. Ces principes migrant dans le sang, elle peut donc être très toxique si elle est mal utilisée.

Elle est aphrodisiaque, antalgique, antivenin, stimule le système immunitaire et aide à renforcer le foie et le système digestif. C'est un peu le couteau suisse de la parfaite sorcière, quoi !

Nos rites d'initiation

Premières choses à retenir : la mandragore est toxique et hallucinogène à haute dose, donc on se conforme aux prescriptions médicales !

En cataplasme, une seule feuille suffit à calmer les douleurs, appliquée une demi-heure par jour pendant 4 jours sur la zone concernée.

En usage interne, elle est réservée, et toujours sur avis médical, aux troubles digestifs et aux problèmes musculaires.

Mélisse

La *Melissa Officinalis*, originaire d'Europe méridionale, a pour elle cet arôme citronné qui parfume agréablement toutes les préparations qui en contiennent, mais c'est loin d'être sa seule qualité ! Il y a environ mille deux cents ans, Charlemagne conseillait déjà à tous ses sujets d'en faire pousser autour de chez eux et d'en consommer régulièrement pour ses vertus protectrices. Utilisée par les magiciens et sorcières depuis toujours dans de nombreux rites de guérison et de santé, elle est avant tout connue pour influencer l'amour et la passion (c'est l'ingrédient phare des potions de protection et de vigueur du couple) ! Qui a dit que l'infusion du soir n'était pas sexy ?

Ses pouvoirs

Son effet principal est sans doute sa capacité à calmer et à donner du recul sur les choses. Pour les grands anxieux, la mélisse permet de faire moins de cauchemars. En association avec la valériane, elle permet aussi d'éviter ou d'espacer les insomnies. Elle est également calmante pour le système digestif et pour le cœur. Utilisée en prévention, elle arrive à redonner au corps une harmonie d'ensemble.

Nos rites d'initiation

Après un choc émotionnel, une forte émotion, on respire 1 goutte d'huile essentielle sur un mouchoir, aussi souvent que nécessaire, pour se calmer.

Appliquée sur la peau en lotion, la mélisse soigne les herpès labiaux, les mycoses, et favorise la cicatrisation. Contre les migraines et les palpitations, on en boit de bonnes tisanes matin et soir, tout comme lorsqu'on souffre de digestion difficile.

Pavot

À la simple évocation de son nom, on a déjà le sourire aux lèvres : joli sortilège, non ? Car le pavot, dit « pavot somnifère », que l'on peut cultiver dans nos jardins, est la plante magique par excellence, celle qui très longtemps fut même associée à la magie noire. Présente dans les montagnes d'Asie et dans le pourtour méditerranéen dès le Néolithique, elle est utilisée ensuite pour ses capacités à faire venir l'endormissement. Elle est prescrite par les « matrones » au Moyen Âge pour des avortements, puis par les sorciers pour ses agents psycho-actifs reconnus et puissants. De ses fleurs délicates, on tire l'opium, d'où sans doute sa réputation un peu sulfureuse...

Ses pouvoirs

Ingéré dans notre alimentation quotidienne, il a un effet protecteur sur le système cardio-vasculaire et lutte contre l'anémie. Très riches en zinc, ses graines favorisent la cicatrisation et soignent les inflammations. Le pavot apaise, endort et calme les tensions. Mais ça, on aurait pu l'imaginer...

Nos rites d'initiation

En graines, on l'utilise en complément d'une huile végétale douce pour de petits gommages naturels et très adaptés aux peaux sensibles. En tisane, le pavot jaune est un excellent sédatif et calme les bouffées de chaleur hormonales. En huile végétale, le *somniferum* adoucit et assouplit la peau. Il redonne aussi de la vitalité aux cheveux fatigués.

Pissenlit

Également appelé dent de lion, liondent ou encore salade de taupe, le pissenlit est une plante très commune dans nos régions et dont les effets, pourtant découverts durant l'Antiquité, n'ont été reconnus qu'au cours du XVIe siècle.

En fleur presque toute l'année, cette plante était associée aux déesses du printemps, comme souvent les plantes à sève laiteuse. Celle sur les pistils de laquelle on souffle pour se porter chance, est aussi la reine des sortilèges et des potions de richesse et de succès matériels. Une bonne raison d'adorer les pique-niques champêtres.

Ses pouvoirs

Puissant tonique, le pissenlit est un nettoyeur du sang très efficace, stimulant la sécrétion biliaire. Efficace contre les douleurs des articulations, il est aussi conseillé pour se remettre d'une maladie un peu longue ou en cas de fatigue chronique. Il agit vite en cas de constipation, d'excès de cholestérol, et prévient les problèmes rénaux.
En utilisation externe, il lutte contre les dermatoses, les maladies de peau et aide à soigner les cors.

Nos rites d'initiation

En salade avec des jeunes pousses et des racines qui, associées, ont des effets plus intéressants, en soupe ou dans des smoothies, il rééquilibrera nos petits soucis de digestion.

En infusion ou en teinture-mère, on l'utilisera pour ses propriétés diurétiques et détoxifiantes.

Son huile essentielle, toujours utilisée diluée dans une huile végétale, fait des merveilles sur la peau pour limiter les effets de l'eczéma, soigner les verrues ou même, avec quelques gouttes dans le bain, se relaxer et chasser la fatigue.

Sauge

La sauge blanche est une plante ésotérique depuis très, mais alors très longtemps… Assez facile à trouver en Méditerranée, elle pousse également sur la côte californienne. Autant dire qu'elle aime bien les climats sympas ! Égyptiens, Grecs, puis Romains, tous ont utilisé celle qu'ils surnommèrent « plante d'immortalité », aidant à soigner (de son nom latin *Salvia Officinalis*, de *salvere*, sauver en latin), à guérir les chagrins et à communiquer avec l'au-delà. Plante sacrée chez les Amérindiens, elle leur permet d'effectuer des rituels de purification de l'âme et du corps.

Ses pouvoirs

La sauge serait un véritable booster neurologique. Elle aide à renforcer la mémoire, mais aussi à lutter contre la dépression et l'anxiété. Elle chasse les énergies négatives et en amène des positives, redonne du peps et de la motivation. Un enchantement, cette plante !

Nos rites d'initiation

Brûlée sur des braises, elle joue un rôle purificateur profitant aussi bien à la maison qu'à nous-mêmes. On peut aussi l'utiliser pour nettoyer nos minéraux.

Infusée dans du miel, elle apporte tous ses bienfaits aromatiques et thérapeutiques en douceur, puisqu'on peut la consommer sans crainte de surdosage (c'est une plante assez puissante), dans du thé ou sur une tartine.

En infusion, elle stimule le système digestif, aide aussi à lutter contre les bouffées de chaleur et les douleurs des règles. Attention à l'utilisation des huiles essentielles de sauge officinale, délicates à manier : mieux vaut une prescription médicale.

Thym

Plus connu pour ses vertus aromatiques dans la cuisine que pour ses vertus thérapeutiques, le thym est pourtant un allié des pratiques ésotériques depuis toujours. Il servait par exemple beaucoup aux Gaulois lors des rites de solstices. Présent lui aussi dans les régions méditerranéennes, il aurait des effets magiques très puissants pour « fixer » des potions, pratiquer des rituels de guérison ou même de contre-envoûtement.

Ses pouvoirs

Antiseptique, antimicrobien, antioxydant, antispasmodique, cicatrisant, diurétique, fortifiant intellectuel, le thym regorge d'actifs thérapeutiques. On l'utilise souvent en tisane ou en huiles essentielles pour soulager les inflammations, et aussi en sirop.

Nos rites d'initiation

Sous forme de tisane ou d'infusion, jusqu'à trois fois par jour quand on se sent crevée, qu'on est un peu fébrile ou qu'on souffre d'une infection ORL (rhume, angine, etc.), il est absolument idéal.

En huile essentielle, il soigne les infections plus sévères. En application (huile de thym à linalol et à thujanol, mais pas à thymol car trop agressive), il nous aide à nous débarrasser des verrues et des petits champignons cutanés (on veille à demander conseil à son médecin pour les dosages). Et pour calmer les quintes de toux, le sirop est top !

Verveine

Celle qu'on surnomme aussi « l'herbe aux sorciers » est très loin de l'image de plante un peu basique, ou réservée aux tisanes de grands-mères qu'on lui colle souvent.

Utilisée depuis l'Antiquité, la *Verbena Officinalis*, herbe aux enchantements, est la star des grimoires. Elle est réputée, par exemple, pour protéger des esprits maléfiques lors des cérémonies ou pour purifier les autels sacrificiels des druides... tout un programme !

Elle incarne aussi l'amour, la pureté et l'espoir et on préfère la cueillir de façon rituelle, à l'heure de Vénus, les mardis, jeudis et vendredis de mai.

Ses pouvoirs

Reconnue pour ses vertus digestives, la verveine aide aussi à l'endormissement, sous forme de tisane. Elle est diurétique, cicatrisante et astringente. Elle protège le foie, est antispasmodique et peut favoriser l'équilibre de nos cycles. On dit d'ailleurs que c'est une plante à polarité féminine, ce qui peut expliquer ses utilisations de plus en plus courantes dans les problématiques hormonales ou gynécologiques. Attention : la verveine la plus utilisée dans les tisanes communes n'est pas la *Vervena Officinalis* mais la verveine odorante, qui n'a pas tout à fait les mêmes propriétés.

Nos rites d'initiation

En infusion pour diminuer le stress et les maux de ventre. On peut aussi l'utiliser en bain de bouche contre les aphtes.

En usage externe, la décoction de verveine aide à apaiser les coups de soleil, les gerçures ou les piqûres d'insectes. Elle calme aussi les inflammations des entorses ou les ecchymoses.

En feuilles fraîches dans nos viandes et légumes, elle nous promet de belles nuits magiques !

n'oubliez jamais
que vous êtes
magiques

Magiques gemmes

Les pierres à avoir sous la main

Au cours de l'Histoire, les pierres et les cristaux ont toujours été les sujets de belles croyances, sans doute grâce à un lien particulier à la Terre.

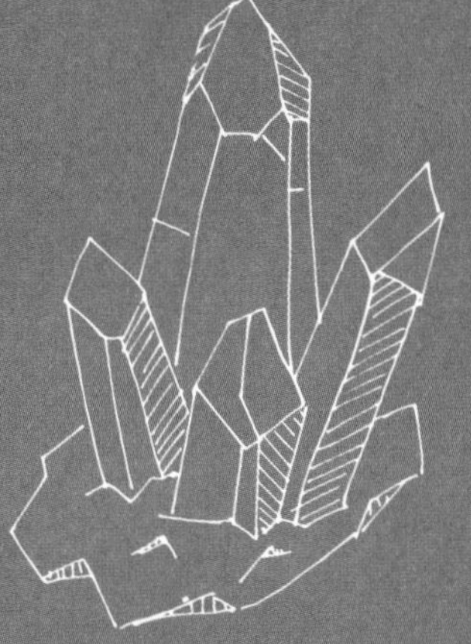

Les pierres ont tant de choses à nous dire, et notre connaissance de leurs pouvoirs n'en est encore qu'à ses balbutiements.

Grâce à leurs formes, couleurs et reflets parfois incroyables, elles ont orné les plus belles parures des plus illustres personnages, ont été soupçonnées d'être à l'origine d'obscures malédictions ou au contraire, de porter bonheur, chance et courage par-delà les siècles...

Bref, ce sont de très beaux objets mystérieux, dont on dit qu'ils contiennent des énergies et des vibrations bienfaisantes. Leur puissance est connue par les mages depuis longtemps.

Pour comprendre leur langage, on peut s'inspirer des méthodes de lithothérapie, cette science ancestrale qui associe à une gemme des pouvoirs protecteurs, variant selon sa composition chimique et sa cristallisation. Notre organisme produit aussi, comme toute matière présente dans l'Univers, des énergies qui dégagent des vibrations pouvant interagir avec d'autres corps énergétiques et changer nos états physiques, émotionnels, mentaux ou spirituels.

Cette énergie des gemmes, dite « subtile », agit sur notre bien-être et les améliorations qu'elle peut procurer dépendent des pierres utilisées. Selon nos besoins, on peut porter des minéraux comme des bijoux, les avoir dans nos poches, les poser sur une zone douloureuse ou sous notre oreiller pour bien nous endormir...

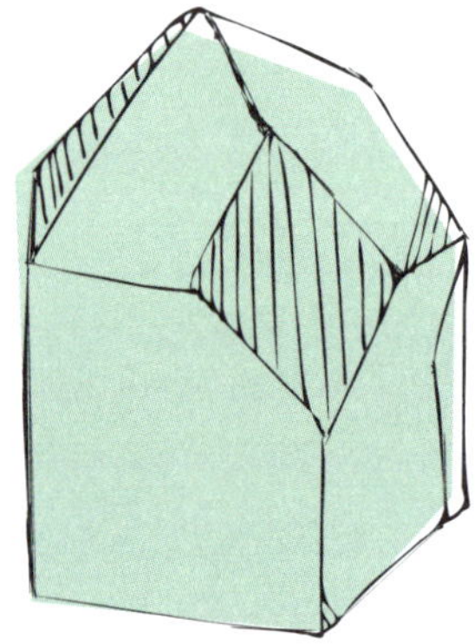

Améthyste

Son histoire : du grec *amethystos* « qui n'est pas ivre », l'améthyste est celle qui protège d'abord de l'ivresse, mais surtout qui purifie et recentre les énergies. Elle est très répandue dans le monde, on la trouve même en Auvergne.

Ses couleurs : violet clair ou foncé, lilas.

Ses pouvoirs magiques :
- **Sur le corps :** contre les maux de tête, le stress, les problèmes d'acné ou les zonas. Elle soulage les douleurs musculaires et articulaires, renforce les os et soigne les troubles nerveux.
- **Sur l'esprit :** c'est la pierre anti-angoisse et nervosité. Elle apaise nos lieux de vie et libère l'atmosphère, facilite le sommeil et la méditation !

Aventurine

Son histoire : son nom vient du latin *ventura*, « le hasard ». C'est la pierre de la chance, de la douceur et de la paix de l'esprit. Elle booste aussi notre créativité. On la trouve au Brésil, en Inde ou encore aux États-Unis.

Ses couleurs : vert, bleu, brun.

Ses pouvoirs magiques :
- **Sur le corps :** bonne pour les muscles, le cœur et les poumons. Elle combat la fièvre et les problèmes de peau, aide à guérir les maladies psychosomatiques et protège des ondes néfastes.
- **Sur l'esprit :** pierre de protection émotionnelle et spirituelle, elle apaise et favorise la relaxation. Elle est stimulante, aide à prendre des décisions et à élaborer des projets.

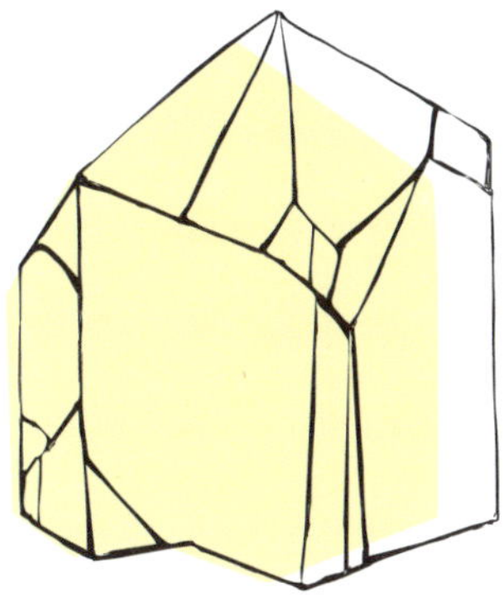

Citrine

Son histoire : très belle pierre ornementale, elle tire son nom du citron dont elle a emprunté la couleur. Elle est utilisée depuis la Grèce antique pour chasser le mauvais œil et par les chamans pour booster la vitalité. On la trouve à Madagascar ou encore au Brésil.

Ses couleurs : du jaune pâle à l'orange brun.

Ses pouvoirs magiques :
• **Sur le corps :** la citrine aide à la digestion, stimule la rate et le pancréas et évite la constipation. Elle est aussi indiquée dans les problèmes de troubles menstruels.
• **Sur l'esprit :** pierre purifiante et énergisante, elle favorise la concentration, ouvre les chakras. Elle libère une aura protectrice et permet de laisser notre intuition s'épanouir.

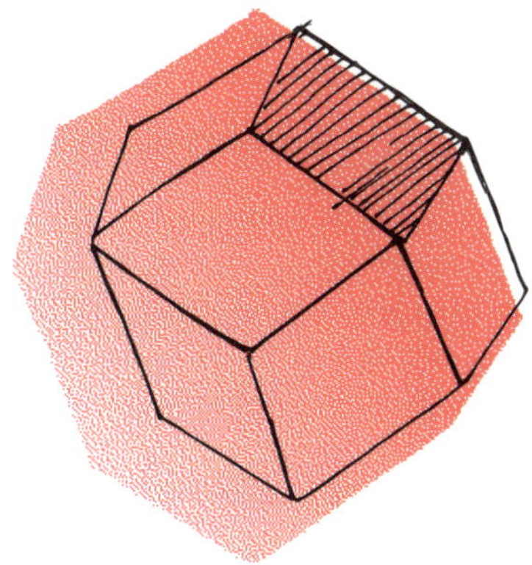

Grenat

Son histoire : les pharaons le dédiaient à la déesse de la Guerre et lui prêtaient le don de donner courage et protection. On le trouve sur presque tous les continents.

Ses couleurs : rouge, brun, jaune, vert.

Ses pouvoirs magiques :
• **Sur le corps :** pierre de la santé, il purifie les chakras, retarde le vieillissement, aide à lutter contre les rhumatismes. Il équilibre la thyroïde, l'anémie et purifie sang et organes.
• **Sur l'esprit :** c'est une pierre de résilience. Le grenat apporte protection, sérénité, vérité et fidélité. Cette pierre équilibre la libido, aide à dépasser les difficultés et à transcender les passions amoureuses.

Héliotrope

Son histoire : dite aussi jaspe sanguin, elle fut d'abord utilisée pour influencer le climat avant de devenir un puissant outil thérapeutique, puisque considérée comme ayant été baignée dans le sang de Jésus sur la Croix. On la trouve en Europe ou en Australie.

Ses couleurs : noir, vert et taches de rouge.

Ses pouvoirs magiques :
• **Sur le corps :** en tant que pierre de guérison, elle soigne les anémies, les maladies de la circulation sanguine ou encore les lupus. On peut l'utiliser contre les hémorroïdes , les problèmes de vessie ou pour détoxifier le foie.
• **Sur l'esprit :** elle est la pierre de la purification du corps et de l'âme, de la protection contre les ennemis, de la force dans les épreuves. Elle aide à la méditation et à la créativité, et apporte la prospérité.

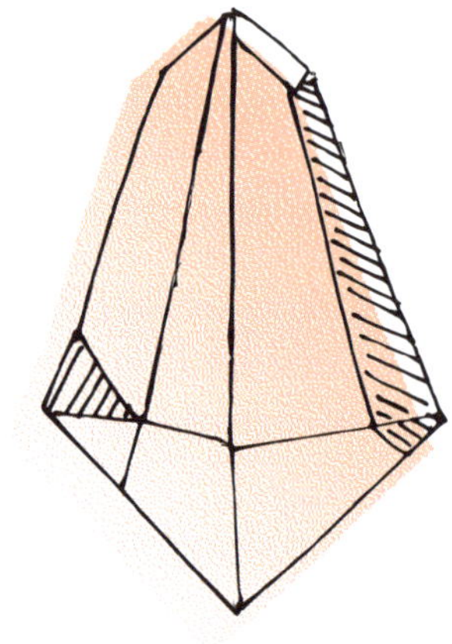

Labradorite

Son histoire : Canadienne d'origine, elle est la pierre de feu des Inuits, celle qui protège les âmes ancestrales et renferme des rayons d'aurore boréale. On la trouve aussi en Australie ou au Mexique.

Ses couleurs : bleu, vert et gris à effets miroir.

Ses pouvoirs magiques :
• **Sur le corps :** défatigante, elle régénère après des moments d'épuisement. Elle aide à calmer les douleurs, protège contre les agressions extérieures, soigne les troubles hormonaux ou de pression artérielle.
• **Sur l'esprit :** elle absorbe les énergies négatives, protège du mal d'autrui, permet le repos mental. Régulatrice du métabolisme, elle calme l'anxiété et augmente les chances de rencontrer l'âme sœur.

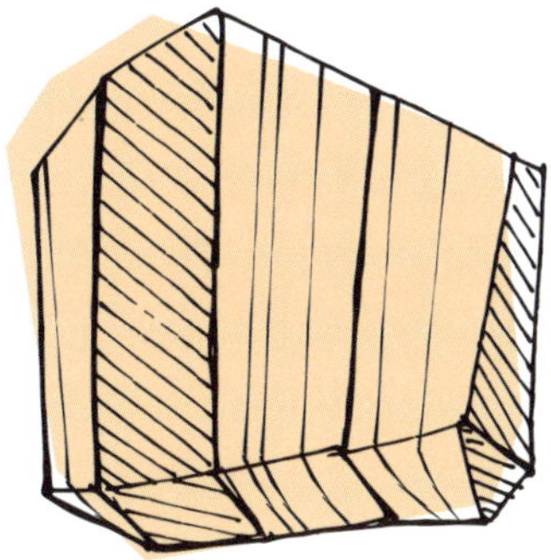

Œil-de-tigre

Son histoire : très semblable à l'œil du félin, il est considéré dès l'Antiquité comme un gage de protection contre les coups d'épée, les vampires, les créatures de la nuit. C'est le remède contre le mauvais œil. On le trouve en Australie et en Inde.

Ses couleurs : jaune doré à marron.

Ses pouvoirs magiques :
• **Sur le corps :** il calme les problèmes osseux ou articulaires, renforce le métabolisme, diminue les crises d'asthme ou l'hypertension. Il a des vertus régénérantes sur les tissus et régule la digestion.
• **Sur l'esprit :** protecteur, il retourne les mauvaises ondes, recentre les énergies et donne de la volonté. Il aide à s'affirmer en douceur, réduit le stress et la dépression.

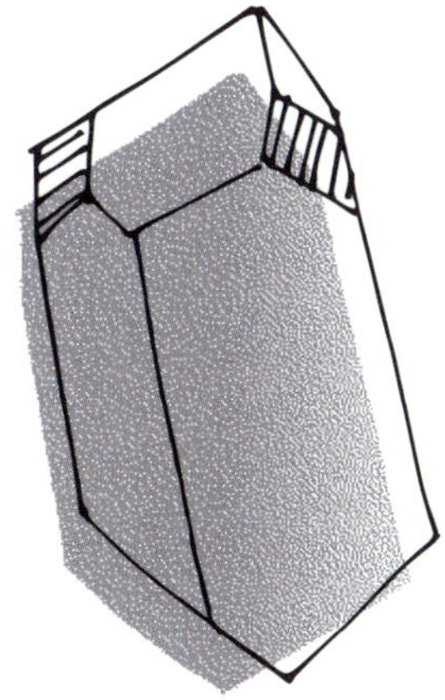

Onyx noir

Son histoire : d'abord apprécié des Romains pour sa beauté et ses vertus fortifiantes, il a été rattaché au Moyen Âge aux forces du mal à cause de sa couleur, avant qu'il ne devienne un pilier de la lithothérapie. On en trouve un peu partout.

Sa couleur : noir opaque.

Ses pouvoirs magiques :
• **Sur le corps :** l'onyx a des propriétés rééquilibrantes pour l'oreille interne, lorsqu'on souffre de vertiges ou d'acouphènes. Il protège la bouche, les dents et améliore les problèmes vocaux et la résistance au froid.
• **Sur l'esprit :** c'est la pierre de la stabilité et du renforcement. Il améliore l'estime et le contrôle de soi, aide à affronter les épreuves de la vie et à méditer de façon optimale.

Pierre de lune

Son histoire : symbole de féminité et de maternité, c'est la pierre de la douceur. Elle est celle des déesses de l'Antiquité douées de clairvoyance. On la trouve en Australie, Birmanie ou Tanzanie.

Ses couleurs : incolore, reflets blancs ou bleus.

Ses pouvoirs magiques :
• **Sur le corps :** elle permet de réguler les sécrétions hormonales et les cycles menstruels. Elle aide à lutter contre la stérilité et à conserver la lactation après un accouchement.
• **Sur l'esprit :** elle est le gemme de l'harmonie du couple. Elle tempère les émotions et facilite la réconciliation. Elle développe sensibilité et créativité et favorise l'ouverture aux autres plutôt que l'intérêt matériel.

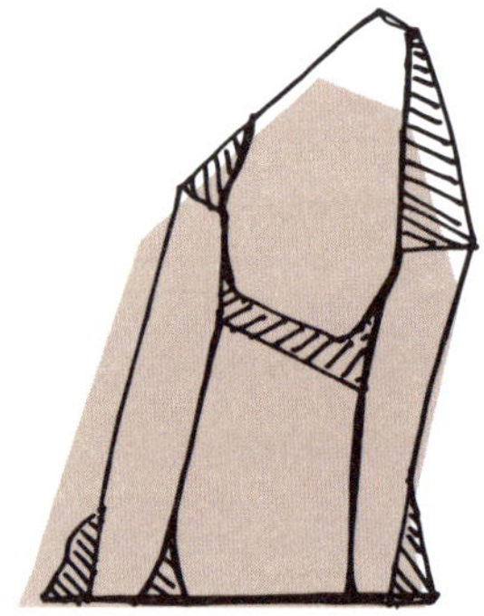

Quartz fumé

Son histoire : la pierre chérie des voyantes du XIXe siècle (elle empêchait les profanes de voir dans leurs boules divinatoires) est ensuite devenue celle de la responsabilité et du recentrage. On la trouve presque partout dans le monde.

Sa couleur : beige pâle.

Ses pouvoirs magiques :
• **Sur le corps :** elle aide à lutter contre les addictions. En permettant l'élimination des goudrons accumulés, elle protège les poumons et les conduits aériens. Elle fortifie les organes et favorise la fertilité.
• **Sur l'esprit :** elle aide à mieux réfléchir, à éviter les angoisses irrationnelles, à faire la part des choses, et à nous ouvrir aux autres et à nous-mêmes sans concessions.

Quartz rose

Son histoire : Les Grecs associaient cette pierre de l'amour et de la beauté à Aphrodite. On la trouve en Inde (les Romains la faisaient venir de là-bas pour en faire des amulettes) ou au Brésil.

Ses couleurs : rose pâle à rose rougeâtre.

Ses pouvoirs magiques :
- **Sur le corps :** reine du cœur, elle le stimule aussi physiologiquement, améliore la fertilité et les problèmes d'hypertension. On la recommande contre les effets du stress.
- **Sur l'esprit :** elle calme anxiété, insomnies et maladies nerveuses en général. Associée au chakra du cœur, elle calme les déboires sentimentaux, redonne confiance en soi et rééquilibre les énergies.

Tourmaline noire

Son histoire : gemme d'ancrage et de protection, elle n'est arrivée en France qu'au XVIIIe siècle, en provenance d'Amérique, et fut surtout exploitée en joaillerie avant qu'on ne découvre ses propriétés. On la trouve au Brésil ou à Madagascar.

Sa couleur : noir opaque.

Ses pouvoirs magiques :
- **Sur le corps :** influant sur les champs magnétiques, elle peut diminuer les effets négatifs de nos appareils connectés. Elle calme les hyperactifs et agit sur le système rénal.
- **Sur l'esprit :** elle permet de se reconnecter avec la réalité et de bien s'ancrer au travers de ses racines. Elle protège aussi des idées noires, des mauvaises énergies des personnes et des lieux.

SI VOUS ÊTES UNE FEMME
ET QUE VOUS OSEZ REGARDER
À L'INTÉRIEUR DE VOUS-MÊME,
ALORS VOUS ÊTES UNE SORCIÈRE.

VOUS ÉTABLISSEZ
VOS PROPRES RÈGLES.
VOUS ÊTES LIBRE ET BELLE.

MANIFESTE W.I.T.C.H (WOMEN'S INTERNATIONAL
TERRORIST CONSPIRACY FROM HELL), 1968

L'astrologie

Ce qu'il faut savoir sur l'astrologie

Une approche holistique...

Tout le monde connaît son signe astrologique, ses bons côtés comme ses vilains défauts. *Easy*, mais insuffisant pour s'approprier et optimiser les pouvoirs extraordinaires de l'astrologie. Ce savoir ancestral ne se découpe pas en petits morceaux. La roue du zodiaque s'inscrit dans une logique d'ensemble. Le Bélier engendre le Taureau, qui engendre le Gémeaux, etc. Ce cheminement correspond au passage du Soleil sur une année dans les 12 signes du zodiaque. Chaque fois que l'astre du jour change de signe, il démarre une nouvelle initiation, développe des qualités supplémentaires et peaufine son évolution. Avant de vous concentrer sur votre signe astrologique, il est utile et même indispensable d'embrasser l'ensemble du processus. Ainsi, vous allez découvrir à quelle étape du parcours vous vous situez.

Exemple : vous êtes Gémeaux, c'est la curiosité, le mouvement, la communication et l'apprentissage qui vous animent dans la vie.
Alors, comment ça marche ?

... qui repose sur le principe d'analogie...

L'astrologie occidentale est solaire et suit le mouvement des saisons. C'est un langage symbolique qui combine les cycles astronomiques et terrestres. Elle fonctionne sur le principe de l'analogie : un processus de pensée qui établit des ressemblances et des correspondances entre des choses et des situations différentes. Un exemple ? Le Bélier est le premier signe du printemps, il incarne le principe de commencement, de renouveau, de naissance et d'élan vital. Toutes les analogies, les métaphores associées au début du printemps peuvent lui être appliquées. Mais la formule la plus célèbre, celle qui exprime le mieux les liens entre le cosmos et la Terre est la suivante : « Ce qui est en Haut est comme ce qui est en Bas. » Elle est issue de la tradition ésotérique et inspire les astrologues depuis des siècles.

... pour décrire votre cosmos intérieur

Autre détail fondamental, si vous avez eu la curiosité de monter votre thème astral, la photographie de votre ciel de naissance ou selfie cosmique, les 12 signes y sont représentés. Autrement dit, impossible d'entrer dans le secret de votre naissance sans embrasser, une fois encore, la totalité du zodiaque. Pour résumer, votre thème astral est la représentation graphique et symbolique de votre cosmos intérieur. Pour bien comprendre, prenons une image.

La grande course annuelle du zodiaque

1, 2, 3, partez ! Le Bélier est le premier relayeur sur la ligne de départ du zodiaque. Il accueille en pôle position sa majesté le Soleil. L'astre du jour, point de repère de l'astrologie occidentale, incarne la conscience, la vitalité, l'identité. Le Bélier lance une course découpée en 12 étapes portées par 12 personnalités épatantes. Celle-ci suit le parcours du Soleil dans les signes astrologiques et les saisons. Le zodiaque est un mandala relatant un chemin d'évolution décrivant 12 incarnations différentes de l'humain, du Bélier estampillé le plus *punchy* de la bande au Poissons porte-parole des mystiques.

Votre signe astrologique correspond à la position du Soleil au moment de votre naissance. Il révèle la façon dont vous allez rayonner dans le monde, allumer votre étincelle personnelle, développer votre personnalité en conscience, jouer votre partition sur terre. Bref, la façon dont vous allez incarner votre identité ici et maintenant. Mais au-delà de votre personnalité, le zodiaque raconte la grande histoire de l'humain en développant 12 histoires, 12 parcours de vie, 12 styles, 12 talents. Nous héritons le jour de notre naissance d'une part de cette humanité à travers l'énergie et la symbolique de notre signe solaire.

Mode d'emploi

Let's go ! Découvrez les pouvoirs de votre signe solaire. **Le but ?** Utiliser ses ressources au quotidien pour grandir et mieux vous connaître. **Comment ?** En commençant par vous approprier le message, le talent et la fonction de votre signe. **Pourquoi ?** Parce que ce signe décrit le cœur de votre personnalité, votre carburant, votre mission dans ce monde et la façon dont les gens vous voient. C'est déjà pas mal !

Le Bélier

SON MANTRA

« Accepte ce qui est là, ici et maintenant, et va de l'avant ! »

Sa place dans le zodiaque

Vous êtes née entre le 21 mars et le 20 avril, vous êtes Bélier, le premier signe à se lancer sur la piste du zodiaque ! Le Bélier donne le top départ. Il exprime ainsi l'élan vital qui surgit à la sortie de l'hiver et s'impose envers et contre tout. Il incarne le symbole de la naissance, du cri primal, cette volonté de vivre et de prendre sa place dans le monde. Toute sa vie, le Bélier conservera cet état d'esprit, cet instinct de survie, cet âme de sprinter qui aime la vitesse et déteste faire du sur-place. Quels que soient les obstacles rencontrés, il développe une vitalité hors norme qui le pousse à renverser des montagnes pour atteindre la ligne d'arrivée en premier. En phase Bélier, on découvre le monde, l'énergie de vie, la force de se dépasser et d'exister. On développe son courage, sa capacité à se défendre, à avancer dans la vie. On prend sa place, on résiste, on se bat, on prouve que l'on existe.

Son portrait psy

Les qualités qu'on lui envie

* **Son courage.** Le Bélier ne lâche rien. Quelles que soient les difficultés, les obstacles rencontrés, il ne reste jamais passif. Quand ça bloque, il accélère, rue dans les brancards et trouve toujours le moyen de faire passer ses idées, de trouver des solutions.

* **Sa folle énergie physique et psychique.** Impossible n'est pas Bélier. Quand c'est trop facile, il s'ennuie. Rien ne vaut une bonne *battle* pour booster les talents et les ressources du Bélier. Il entre dans la bataille avec une détermination et un peps du tonnerre. Le combat le motive.

* **Sa franchise.** Pour être *cash*, il est *cash*. Il heurte les âmes susceptibles mais ne triche pas. Le Bélier est un livre ouvert. Il dit ce qu'il pense, pousse un coup de gueule, puis oublie et revient vers vous avec sincérité et authenticité.

Élément : Feu. **Polarité :** Yang. **Saison :** Printemps.
Planète : Mars. **Organe :** Tête. **Couleur :** Rouge.
Chakra : Sacré. **Archétype :** L'amazone. **Mission :** Être.

Les défauts qui nous font fuir

✷ **Son impatience.** Le Bélier ne supporte pas d'attendre. Quand ses plans sont retardés, quand il s'ennuie, il est, il faut bien le dire, insupportable. Cela lui joue des tours, il en a parfaitement conscience, mais il a bien du mal à gérer ce vilain défaut.

✷ **Ses colères homériques.** Aïe ! Qui n'a jamais subi une colère Bélier n'a rien vu ! Il explose à la moindre étincelle. Mais attention, derrière son image de *warrior*, se cache une âme à fleur de peau. Quand le Bélier est touché, c'est la colère qui prend les manettes de son centre de contrôle émotionnel. Ça clashe vite, fort, mais le retour au calme est tout aussi rapide et spontané.

✷ **Sa susceptibilité.** Le Bélier est du genre « touchy de chez touchy ». Il prend la mouche au quart de tour et ne prend aucun gant pour vous dire que votre nouvelle coupe n'est franchement pas top. Gloups ! Prudence, n'essayez pas de lui retourner le compliment. Scud garanti en retour !

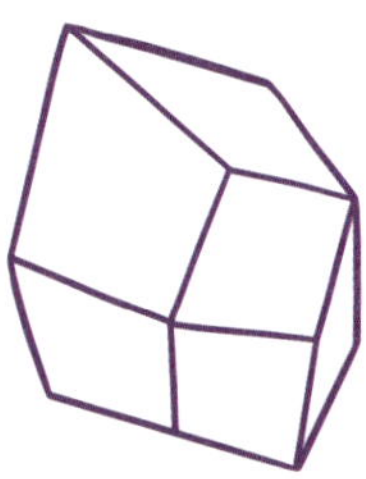

LES SIGNES BIENVENUS DANS SA TEAM

- **Le Verseau** pour sa vision optimiste, créative et innovante de l'avenir.
- **Le Sagittaire** pour sa capacité à se fixer un objectif et à tout mettre en œuvre pour l'atteindre.
- **Le Gémeaux** pour son intelligence et sa capacité à rire de tout.

LES SIGNES QUI LE DÉROUTENT

- **Le Poissons** le désarçonne, ce signe est une énigme.
- **Le Cancer** trop sensible, lunatique, timoré mais tellement touchant.
- **Le Scorpion,** le rival qu'il redoute le plus mais qui le fascine.

SON KIT LITHOTHÉRAPIE

- **Sa pierre de naissance :** le rubis, qui stimule la volonté, le courage et renforce la puissance intérieure.
- **Pour booster ses qualités :** la cornaline, qui développe la confiance, l'autonomie, le centrage et la concentration.
- **Pour corriger ses défauts :** le lapis-lazuli, qui ouvre l'esprit vers une plus grande conscience. Cette pierre facilite l'écoute, la prise en compte de la totalité des informations avant de prendre une décision et développe l'intuition.

Son portrait Witchy

Son plus grand pouvoir

Célébrer le vivant ! Son bien le plus précieux au monde ? Être là, ici et maintenant, sentir son cœur qui bat, le souffle de vie qui parcourt ses cellules. Il répète à l'envi : « Tant qu'il y a de la vie, il y a de l'espoir. » Cette formule résume à merveille la philosophie du Bélier, à savoir chérir la vie et son mouvement. Il est de tous les combats pour protéger le vivant. Il célèbre Ostara, la fête païenne de l'équinoxe du printemps. Au cours de cette journée, il couvre de fleurs son autel, sa maison, sa table et porte des imprimés fleuris en mixant les motifs à volonté. Overdose de fleurs obligatoire !

Sa magie

Ses plantes sorcières. En tant que signe de feu, le Bélier adore utiliser les plantes sous formes d'encens, de bâtons de purification en dispersant des fumées odorantes pour accroître son énergie, ouvrir son esprit ou purifier un espace. En tant que premier signe du printemps, il accompagne la montée de la sève, l'émergence des premiers bourgeons, des fleurs. Le Bélier est intimement connecté au règne végétal.

Sa déesse

Brigid. Une guerrière, une combattante ! Le Bélier est proche des déesses qui prennent les armes pour défendre leur liberté, leur place dans la société. Brigid la triple déesse celte du Feu, de la créativité, de la fertilité l'inspire énormément. Elle le connecte aux cycles de la nature et incarne le pouvoir du féminin créatif. Grâce à sa sagesse, il apprend à gérer les imprévus et à digérer les échecs. Brigid lui enseigne le respect des temps de repli et de décroissance, et le pousse à agir au moment le plus opportun.

Son animal totem

Le faucon. Dans l'astrologie amérindienne, le faucon est l'animal totem des personnes nées lors de la lune des Arbres en bourgeons, soit la première lune du printemps et de l'équinoxe. Il revendique ses dons : l'enthousiasme, l'efficacité, le courage, la spontanéité, l'honnêteté. Sa médecine l'aide à développer ses projets et à les relancer quand l'énergie est bloquée. Pour cela, il utilise sa vue perçante qui lui permet d'évaluer rapidement la situation et d'éclaircir les zones d'ombre pour prendre ses décisions.

Son truc pour se connecter à l'Univers

Être en mouvement ! Marche, course, *whatever*, il médite et se connecte en bougeant. Le Bélier se concentre sur les battements de son cœur, le souffle de vie exprimé par la respiration. Il ouvre grand ses yeux et ses oreilles, admire la beauté du vivant qui l'entoure. Il coupe le mental pour accueillir sans filtre le don de la vie.

Le Taureau

SON MANTRA

« Je suis en sécurité, sereine, en bonne santé et bien entourée. Je ne risque rien. »

Sa place dans le zodiaque

Vous êtes née entre le 21 avril et le 20 mai, vous êtes Taureau, le 2e signe à se lancer sur la piste. Enfin, se lancer est un bien grand mot car vous arrivez au pas, la démarche chaloupée. Méfiance, cette attitude relâchée ne reflète en rien l'ampleur de la motivation et de la ténacité de ce signe. Le Taureau part doucement, mais une fois sa puissance d'action mise en route, plus rien n'arrête le tempérament le plus pugnace et persévérant du zodiaque. Il stabilise l'étincelle initiatique du Bélier. Il pose les fondations, rédige un plan d'action concret. Il incarne ce moment sublime où la nature se pare de fleurs et de parfums. Il est le signe le plus sensuel et tactile du zodiaque. La matière est son royaume. Il a besoin de toucher, sentir, goûter, voir et entendre. Il utilise toute la palette des cinq sens. En phase Taureau, on prend conscience de ses ressources et talents personnels. On se pose pour construire ses bases matérielles et affectives. On découvre ses sens, son corps, ses rythmes, on ne fait qu'un avec la nature.

Son portrait psy

Les qualités qu'on lui envie

✷ **Sa sensualité.** À fleur de peau, le Taureau agit, pense et ressent en jouant avec la palette infinie de ses cinq sens. Tout n'est que sensation, confort et plaisir.

✷ **Sa patience.** Le Taureau dirige de main de maître son rythme de vie. La précipitation, le stress de la dernière minute, *no way* ! Il trace doucement mais sûrement sa route. Rien n'arrête son cheminement, il ne fait pas de bruit mais avance irrémédiablement, le regard rivé sur son objectif, quel que soit le temps pris pour y arriver.

✷ **Sa détermination.** Plus tenace qu'un Taureau engagé dans un projet, tu meurs ! Il avale les contretemps, les critiques, les tâches sans jamais se plaindre avec une constance de métronome. Sans bruit, il avance, ne laissant personne le détourner de son objectif.

Élément : Terre. **Polarité :** Yin. **Saison :** Cœur du printemps. **Planète :** Vénus. **Organe :** Gorge. **Couleurs :** Terracotta, vert matcha, Withered rose ou rose fanée. **Chakra :** Cœur. **Archétype :** La déesse mère. **Mission :** Avoir.

Les défauts qui nous font fuir

✸ **Son entêtement.** Têtu, le Taureau ? C'est un euphémisme. Essayer de lui faire changer d'avis relève de l'utopie. Il vous rétorquera que c'est une question de détermination. Sauf que ce n'est pas toujours vrai. Sa difficulté à accepter le changement le pousse vers l'inertie, ce qui n'est en rien de la détermination mais bien de l'entêtement.

✸ **Sa paresse.** Voilà un vilain défaut que le Taureau revendique sans difficulté. Il parlera de *slow life*, d'éloge de la lenteur mais au fond, il adore le chill d'un long dimanche cocooning. Et il assume !

✸ **Son immobilisme.** La nouveauté pour la nouveauté, ce n'est pas son truc ! Son côté vieille France un brin passéiste ne plaît pas à tout le monde. Il bouge lentement, a besoin de se faire son idée avant d'enclencher le changement. Il frôle parfois le « C'était mieux avant », le côté militant en moins car il ne souhaite en aucun cas imposer ses choix aux autres. Du moment qu'on le laisse tranquille...

LES SIGNES BIENVENUS DANS SA TEAM

- **Le Cancer** pour sa sensibilité, sa douceur et son soutien sans faille.
- **La Balance,** ils partagent la même déesse, Vénus. Ils vénèrent l'amour, la paix et la beauté.
- **Le Capricorne** pour sa solidité, sa fiabilité et son sens des responsabilités.

LES SIGNES QUI LE DÉROUTENT

- **Le Gémeaux** trop instable et léger, il a du mal à lui faire confiance.
- **Le Scorpion,** son *sex appeal* le fait vibrer tout en bousculant ses sécurités affectives.
- **Le Verseau,** trop radical et décalé à son goût.

SON KIT LITHOTHÉRAPIE

- **Sa pierre de naissance :** l'émeraude, qui ouvre la voie du cœur et pacifie toutes les guerres intérieures. Elle dissout les mémoires en souffrance, apaise les peurs et les colères, développe la lucidité et une vision plus fine.
- **Pour booster ses qualités :** le saphir, qui se connecte aux sphères célestes, active l'inspiration, la connaissance intuitive, la justice et la fidélité.
- **Pour corriger ses défauts :** l'opale ou pierre de prospérité, qui soulage ses peurs de manquer, stimule la confiance, la foi en la vie et encourage à lâcher sur la possessivité.

Son portrait Witchy

Son plus grand pouvoir

Sa connexion avec la nature. Ce pouvoir se transmet de mère en fille. Le Taureau appartient à la lignée des grandes déesses mères. Homme ou femme, il assume sa rondeur, sa part féminine. Il aime marcher pieds nus dans la nature, dormir à la belle étoile, plonger nu dans un lac. Il parle aux fleurs, aux plantes et entend le chant des pierres. Dans ce signe, la Lune est en exaltation, elle y décuple tous ses pouvoirs. Le Taureau est l'un des signes les plus luno-sensibles. Il se cale naturellement sur le pas de la Lune avec succès et bonheur.

Sa magie

Les cristaux. En tant que signe de terre, il développe une profonde intimité avec le monde minéral. Il aime les cristaux pour la diversité des formes et des couleurs. Vénus, la déesse de la beauté, est sa planète : le Taureau attache une grande importance à l'aspect esthétique. Les cristaux, il les admire autant qu'il les utilise. Un « peau à peau » avec une pierre lui fait un bien fou. Il a un faible pour les pierres roulées, tellement douces et sensuelles à manipuler.

Sa déesse

Hathor. Toutes les déesses mères l'inspirent. Il est le descendant direct de cette lignée puissante et majestueuse. Mais celle qui lui sert de modèle est Hathor, la déesse égyptienne de la beauté, de l'amour et de la maternité. Elle fait couler le lait et le miel sur terre et nourrit le monde. Elle est représentée sous les traits d'une vache ornée d'un disque d'or posé entre ses cornes. Elle est invoquée dans tous les rituels d'abondance, appréciés et pratiqués par le Taureau.

Son animal totem

Le castor. Dans l'astrologie amérindienne, le castor est l'animal totem des personnes nées lors de la lune du Retour des Grenouilles, soit la seconde lune du printemps. Le Taureau revendique ses dons comme l'enthousiasme, l'efficacité, le sens des affaires, la générosité, la confiance, la patience et la persévérance. Sa médecine l'aide à maintenir un effort soutenu grâce à des talents de bâtisseur, une ingéniosité technique et du pragmatisme.

Son truc pour se connecter à l'Univers

Un corps à corps avec la terre. Marcher pieds nus sur l'herbe, dans la terre meuble, embrasser un arbre, sentir sa force se propager dans son corps. Puis, créer un cercle sacré avec des branchages, des feuilles, des fleurs pour danser, s'allonger en son centre et se connecter de tout son être, de toute son âme à la Terre-Mère.

Le Gémeaux

SON MANTRA

« *Le verbe est mon royaume, les mots mes compagnons, je m'exprime envers et contre tout. J'ai confiance en mes connaissances.* »

Sa place dans le zodiaque

Vous êtes née entre le 21 mai et le 20 juin, vous êtes Gémeaux, le 3e signe en piste. À peine le relais attrapé de la main du Taureau, vous prenez votre envol. Le premier signe d'air est dans la place. Mouvement, expansion, communication, on sort de l'énergie lourde et dense du Taureau pour expérimenter la légèreté et la mobilité du Gémeaux. Il file comme le vent. Rapide, agile, tactique, il met toute la vivacité de son intelligence pour arriver le plus vite possible sur la ligne d'arrivée. Côté départ, le Gémeaux est l'un des plus rapides, mais il a du mal à finir ses courses. La faute à l'ennui, à toutes les sollicitations extérieures auxquelles il ne résiste pas, qui perturbent sa concentration et l'éloignent de son but initial. En phase Gémeaux, on développe sa capacité à apprendre, à découvrir, à communiquer, à s'adapter, à prendre de la distance *via* l'humour et la connaissance.

Son portrait psy

Les qualités qu'on lui envie

✷ **Sa curiosité.** L'esprit en état d'alerte 24 h sur 24, le Gémeaux est le plus informé et instruit du zodiaque. C'est simple : tout l'intéresse. La moindre nouveauté attise sa curiosité. Il capte les *news* en un clin d'œil, les digère aussi vite, les transmet, puis vide sa mémoire pour accueillir d'autres passionnantes informations. À cela s'ajoute une soif d'apprendre fascinante, il n'a de cesse de se former, de cumuler les challenges. C'est un boulimique de l'apprentissage.

✷ **Son intelligence.** Sa vivacité d'esprit bluffe ses interlocuteurs. Il apprend et assimile au quart de tour. Il connecte les informations, les sources et les contacts avec la rapidité d'un disque dur. Difficile de le suivre, il passe d'un sujet à l'autre avec aisance. Son atout ? Une capacité à communiquer, à transmettre et à échanger remarquable.

Élément : Air. **Polarité :** Yang. **Saison :** Fin du printemps.
Planète : Mercure. **Organes :** Poumons, bras, mains, poitrine.
Couleurs : Argent, jaune jonquille. **Chakra :** Gorge.
Archétype : Le messager. **Mission :** Penser.

✷ **Son humour.** Il manie toutes les facettes de l'humour, sauf la vulgarité qu'il fuit comme la peste. Son sens de la répartie est juste parfait et lui évite parfois d'entrer dans le dur d'une conversation qui le met mal à l'aise. L'humour est sa botte secrète, il sort ce joker dès qu'il est en difficulté. Il manie à merveille sa face noire et la dérision. Caustique, il peut aussi être blessant sans le savoir.

Les défauts qui nous font fuir

✷ **Son insouciance.** Il a une sainte horreur d'être emprisonné dans des contraintes. Résultat, il se réfugie dans l'insouciance et l'hyper légèreté, ce qui lui évite d'affronter le côté difficile et ennuyeux de la vie. Cette attitude est mal vécue par ses proches qui lui reprochent un manque de maturité ou d'empathie.

✷ **Sa roublardise.** Rusé comme un renard, le Gémeaux est prêt à tout pour se sortir des situations difficiles. Un petit mensonge, ce n'est pas si grave. Il a un rapport à géométrie variable avec la vérité. Cela relève plus du déni que de la volonté de nuire, il ment en pensant sincèrement qu'il a raison ou que c'est mieux ainsi. Mais aussi parfois par lâcheté, quand il manque de courage pour affronter la réalité.

✷ **Sa versatilité.** Qui a déjà travaillé avec un Gémeaux le sait, il change d'avis en permanence. Pourquoi ? Il explore toutes les options qui se présentent à lui et a la fâcheuse tendance à retenir le dernier avis. La vie est un flux, un mouvement constant. Il a de grandes difficultés à se poser, à arrêter une décision et la suivre sans en changer les modalités en cours de route.

LES SIGNES BIENVENUS DANS SA TEAM

- **La Vierge** pour sa précision, ses compétences techniques, son organisation au cordeau.
- **La Balance** pour ses immenses capacités de séduction, de diplomate et de communicant.
- **Le Verseau** pour sa vista, sa capacité à percevoir les signaux faibles qui annoncent les grandes tendances pour se projeter dans l'avenir avec un train d'avance.

LES SIGNES QUI LE DÉROUTENT

- **Le Taureau,** trop lent, têtu et conservateur même s'il admire sa résistance et son endurance.
- **Le Capricorne,** beaucoup trop taiseux et indéchiffrable.
- **Le Poissons,** trop incertain et flou dans ses intentions, il a tendance à accentuer ses défauts.

SON KIT LITHOTHÉRAPIE

- **Sa pierre de naissance :** la citrine, qui stimule l'intelligence, la joie de vivre et l'ouverture d'esprit.
- **Pour booster ses qualités :** la topaze impériale, qui développe la connexion avec son intériorité et ses valeurs. Elle encourage les prises de conscience et développe le potentiel de transmission.
- **Pour corriger ses défauts :** le jade baptisé la pierre de l'Empereur, qui aide à se relier à l'énergie du cœur, calme le mental et les tensions nerveuses.

Son portrait Witchy

Son plus grand pouvoir

Capter et transmettre les messages de l'Univers. Le Gémeaux est très réceptif aux signes. De plus, il n'a pas son pareil pour connecter les informations entre elles, trouver les messages cachés et les retransmettre à sa sauce. Il pratique régulièrement l'écriture automatique, une mine d'or pour mettre en lumière les messages de son inconscient ou en provenance d'un « autre monde ».

Sa magie

La prophétie. La parole est sa force, son talent par excellence. Il est relié à la lignée des pythies, des prophétesses, des devineresses de l'Antiquité que l'on venait consulter pour obtenir un oracle, un conseil. Il excelle dans le maniement des mots, des métaphores, des aphorismes, des images pour délivrer un message.

Sa déesse

Sarasvati. Il vénère toutes les déesses du savoir. Sa préférée est Sarasvati, la déesse indienne de la Connaissance, de l'éloquence, de la sagesse et des arts, autant d'attributs qui cochent toutes les cases de la personnalité Gémeaux. Elle est aussi appelée Vach, « le verbe originel et créateur » en sanskrit. Tout est dit !

Son animal totem

Le cerf. Dans l'astrologie amérindienne, le cerf est l'animal totem des personnes nées lors de la lune de la Plantation du maïs, soit la dernière lune du printemps. Il incarne ses dons tels que la communication, la vivacité d'esprit, l'intelligence, l'humour, la camaraderie, l'éclectisme. Sa médecine développe l'amour et la compassion en activant ses talents de diplomate, sa capacité d'écoute et de perception fine des situations.

Son truc pour se connecter à l'Univers

Ouvrir au hasard un livre. L'écrit est la voie la plus directe du Gémeaux pour contacter son inconscient et le monde invisible. En ouvrant au hasard un livre pris spontanément dans sa bibliothèque, il attrape au vol la phrase qui lui saute aux yeux. Le message est souvent bluffant de justesse.

Le Cancer

SON MANTRA

« Je me sens émotionnellement en sécurité. Je peux offrir et partager sans entrave mon amour et mon aide à mes proches. »

Sa place dans le Zodiaque

Vous êtes née entre le 21 juin et le 20 juillet, vous êtes Cancer, le 4e signe en lice. L'entrée dans la saison Cancer inaugure l'arrivée du premier signe d'eau. La course se fait plus fluide et souple. Vous épousez les courbes de la vie avec empathie et douceur. Le Cancer reprend le travail de construction des bases et des racines du Taureau en y ajoutant sa touche affective. L'étape Cancer est consacrée à la reconnaissance de nos racines et mémoires familiales, à la construction de notre sécurité affective et intérieure. Ce terreau incontournable sur lequel nous allons avancer au cours de notre vie. En phase Cancer, on nourrit son corps, son cœur et son esprit, on bâtit sa bulle émotionnelle, on identifie ses besoins, on trouve les ressources pour les combler sans tomber dans la dépendance, on nourrit ses rêves et son imagination.

Son portrait psy

Les qualités qu'on lui envie

✷ **Sa sensibilité.** Le crabe est l'un des signes du zodiaque les plus empathiques et subtils côté sentiments. Sa sensibilité à fleur de peau se connecte avec toutes les émotions, heureuses ou tristes. Protecteur, il a toujours une attention à offrir. Ses analyses sont délicates, sans bla-bla psychologisant, car elles viennent du cœur.

✷ **Son imagination.** Le Cancer est un grand rêveur. Il développe un talent inouï pour raconter des histoires et développer des univers oniriques. Il est celui qui se connecte le plus facilement à son enfant intérieur. Pour être un grand artiste, il lui manque juste un peu de confiance en lui et le courage de sortir de sa zone de confort.

✷ **Sa ténacité.** Sous ses airs timides et rêveurs, le Cancer est un *warrior*. Une carapace solide, des pinces puissantes, il

21 juin – 20 juillet

Élément : Eau. **Polarité :** Yin. **Saison :** Début de l'été. **Planète :** Lune. **Organes :** Poitrine, estomac. **Couleurs :** Blanc opalescent, vert jade, turquoise. **Chakra :** 3e œil. **Archétype :** La mère. **Mission :** Ressentir.

est bien armé pour se défendre mais surtout pour protéger son intimité personnelle et familiale. Il ne lâche rien quand ses proches sont menacés. Il peut être redoutable, ferme et intransigeant.

Les défauts qui nous font fuir

✷ **Son côté soupe au lait.** Lunatique, le petit crabe ? La faute à sa planète, la Lune, qui ne cesse de changer d'aspect au fil du mois et de bousculer ses états émotionnels. Il passe du rire aux larmes et de la douceur à la bouderie en un claquement de doigts. Pourquoi ? Lui-même ne le sait pas vraiment. Sa sensibilité est une porcelaine ultra-fragile qui surréagit au moindre choc émotionnel.

✷ **Son côté mère-poule.** « Mets ton manteau, tu vas attraper froid. » Le Cancer prend très au sérieux son rôle de « Mamma » du zodiaque, au risque de franchir la ligne rouge et de devenir envahissant. Susceptible, il accepte mal les recadrages et part bouder dans son coin.

✷ **Son immaturité.** Petit crabe rêve de rester *ad vitam aeternam* dans le monde douillet de l'enfance. Il a du mal à trouver son autonomie, à prendre le risque de grandir. Il déteste être infantilisé mais il fait tout pour rester dans le paradis perdu de l'enfance. Mais allez lui faire comprendre ses incohérences...

LES SIGNES BIENVENUS DANS SA TEAM

- **Le Taureau** pour sa stabilité, sa solidité et sa douce lenteur qui le rassure.
- **La Vierge** pour son organisation, sa capacité à soigner tous ses bobos physiques et psychiques et sa fidélité.
- **Le Scorpion,** il réveille ses sens, booste sa sensualité, active sa libido, il est en transe.

LES SIGNES QUI LE DÉROUTENT

- **Le Bélier,** il lui fait peur avec ses discours *cash*, son côté *speed* et rentre-dedans.
- **Le Gémeaux,** trop versatile, indécis et sans attaches.
- **Le Verseau,** trop distant, mental, disruptif, il n'arrive pas à se projeter à ses côtés.

SON KIT LITHOTHÉRAPIE

- **Sa pierre de naissance :** la pierre de lune, qui dégage des vibrations maternelles, développe les perceptions subtiles, l'intuition. Elle favorise la sensibilité, la créativité et la douceur.
- **Pour booster ses qualités :** le quartz rose, qui transforme l'hyper sensibilité en force positive. Il renforce les liens affectifs. C'est la pierre d'amour par excellence, elle apporte douceur, tendresse et compassion.
- **Pour corriger ses défauts :** le rubis, qui rassure les tempéraments inquiets en réveillant la confiance, la volonté et le courage.

Son portrait Witchy

Son plus grand pouvoir

Nourrir. Hyper connecté à tous les besoins physiques, psychiques ou spirituels, le Cancer développe un talent inouï pour nourrir ceux et celles qui l'entourent. Il ensemence l'esprit en jouant les conteurs. Il nourrit l'âme en connectant toutes les mémoires, qu'elles soient familiales, personnelles ou karmiques, en honorant les ancêtres. Il nourrit le corps avec des petits plats de saison. Sa signature ? Le *moon milk*, ou l'art de réaliser des boissons à base de lait végétal aromatisé avec des plantes pour se laisser aller dans les bras de Morphée.

Sa magie

L'eau lunaire. La Lune est la grande inspiratrice du Cancer. À chaque pleine lune, il prépare une eau lunaire qui lui servira pour toutes sortes de rituels. Lors de cette soirée, il dépose une coupelle d'eau à l'extérieur pour la charger de l'énergie lunaire. Il utilise ensuite cette eau pour ses bains, pour nettoyer ses pierres, se fabriquer des sprays avec de l'eau florale, des huiles essentielles, un cristal... Un pschitt magique pour son oreiller !

Sa déesse

Morgane la fée. Il s'identifie à toutes les déesses lunaires. L'une d'entre elles a sa préférence : Morgane, la fée issue de la légende arthurienne. Mi-fée mi-humaine, elle se situe dans la lignée des déesses lunaires celtiques. Elle est la grande prêtresse de l'île mystérieuse d'Avalon. Elle porte sur le front un croissant de lune. Trop souvent présentée sous son jour sombre, voire maléfique, Morgane incarne en réalité toutes les nuances du pouvoir féminin, à l'image des différentes phases de la Lune.

Son animal totem

Le pic-vert. Dans l'astrologie amérindienne, le pic-vert est l'animal totem des personnes nées lors de la lune du Soleil fort, soit la lune du solstice d'été. Il incarne les talents tels que l'intuition, la tendresse, la générosité, la compassion. Sa médecine développe sa capacité d'écoute bienveillante et son intuition dans le but de se connecter au plus près à sa voix intérieure.

Son truc pour se connecter à l'Univers

Le rêve. Le Cancer est un expert en oniromancie, l'art de décrypter les rêves. Guidé par la Lune, le Cancer note et écoute les messages délivrés par ses rêves. Il a sur sa table de chevet un carnet de bord sur lequel il note ses voyages nocturnes. Il est très réceptif aux symboles et décrypte à merveille leur agencement au sein d'un rêve.

Le Lion

SON MANTRA

« J'exprime ma personnalité, ma créativité, mon pouvoir avec respect et générosité. Je partage mes réussites et redonne ce que la vie m'a offert. »

Sa place dans le Zodiaque

Vous êtes née entre le 21 juillet et le 21 août, vous êtes Lion, le 5e signe en course. L'entrée en scène du Lion marque un point d'orgue. Le Soleil entre dans son signe. C'est le cœur de l'été, le moment de l'année où sa puissance, sa vitalité, sa force sont maximales. Un pic d'énergie et de créativité s'installe. C'est le moment de s'exprimer, de revoir à la hausse ses ambitions, de viser la plus haute marche du podium. En pleine possession de vos moyens physiques et psychiques, votre pouvoir de séduction atteint des sommets. Jouez le jeu, montrez-vous, affichez vos talents, endossez le rôle de votre vie. En phase Lion, on rayonne, on se donne les moyens de réussir, d'aimer en version XXL, de donner libre cours à sa créativité et à son talent. On se met en scène sans fausse pudeur en assumant son pouvoir.

Son portrait psy

Les qualités qu'on lui envie

✷ **Son charisme.** Un Lion, ça ne passe jamais inaperçu. Il dégage une aura naturelle. Il capte la lumière et attire les regards, qu'il le veuille ou non. Agacé ou en transe face à cette personnalité solaire ? En tout cas, il ne laisse pas insensible et il est très difficile de résister à son charme et à sa puissance de conviction.

✷ **Sa loyauté.** « Croix de bois, croix de fer, si je mens, je vais en enfer. » Plus fiable qu'un Lion, tu meurs. Le Lion est un signe d'honneur, une valeur qu'il respecte plus que tout au monde. Quand il s'engage, soyez certain qu'il tiendra parole et s'acquittera de ses obligations. Il remuera ciel et terre pour tenir ses promesses.

✷ **Sa générosité.** On raconte que le Lion a des goûts de luxe. C'est vrai, il partage, donne, offre, invite. N'écoutez pas

Élément : Feu. **Polarité :** Yang. **Saison :** Cœur de l'été.
Planète : Soleil. **Organes :** Cœur, plexus solaire. **Couleurs :** Or, jaune, orange.
Chakra : Plexus Solaire. **Archétypes :** La reine, le roi. **Mission :** S'exprimer.

les mauvaises langues, le Lion n'est pas un égoïste. Bien au contraire, un Lion heureux est un Lion généreux qui redonne ce qu'il a gagné de haute lutte.

Les défauts qui nous font fuir

✷ **Son orgueil.** L'échec est son pire cauchemar. Le moindre faux pas se transforme en blessure soigneusement cachée. Il s'enferme dans ses certitudes et accepte mal les critiques. En réalité, son orgueil cache cette part de doute qui parfois l'assaille et le déstabilise. Un sentiment de faiblesse aussitôt masqué par une assurance qui n'est là que pour cacher ses failles.

✷ **Son côté bling bling.** Dans la liste des clichés, « le Lion aime en mettre plein la vue ». OK, il ne peut pas s'en empêcher. Tout doit être parfait, top qualité et surtout bien visible. Alors oui, il lui arrive d'en faire des tonnes, mais c'est aussi ce qui fait son charme, car il partage sans compter.

✷ **Son autoritarisme.** Un regard et tout est dit. Gare au crime de lèse-majesté, le Lion aime le pouvoir et n'aime pas le partager. Il est seul à la barre et gare à celui ou celle qui s'aviserait de contester ses décisions. La concertation et la démocratie participative, ce n'est pas sa tasse de thé.

LES SIGNES BIENVENUS DANS SA TEAM

- **Le Gémeaux** pour son intelligence, sa communication impeccable et ses talents d'orateur, un allié de poids.
- **La Balance,** son style, son élégance le font craquer. Deux esthètes en totale connivence.
- **Le Sagittaire,** il le suit dans ses virées gastronomiques, admire sa culture, son ouverture d'esprit et ses valeurs humanistes.

LES SIGNES QUI LE DÉROUTENT

- **Le Bélier,** ils luttent pour la première place, aucun d'eux n'aime perdre, mais ils ont du respect l'un pour l'autre.
- **Le Scorpion,** le face-à-face est terrible, tous deux aiment le pouvoir et ne le partagent pas.
- **Le Poissons,** cet être qui semble avoir oublié son ego, le déstabilise et le fascine en même temps.

SON KIT LITHOTHÉRAPIE

- **Sa pierre de naissance :** l'œil-de-tigre, qui régule les états émotionnels en aidant à prendre du recul, développe la spontanéité, la clarté d'esprit et la loyauté.
- **Pour booster ses qualités :** la citrine, qui révèle le rayonnement intérieur, régule l'ego et attire la prospérité.
- **Pour corriger ses défauts :** l'améthyste, qui encourage l'humilité et tempère les excès de confiance. Elle enseigne la notion de service et ouvre l'esprit vers d'autres niveaux de conscience.

Son portrait Witchy

Son plus grand pouvoir

Pratiquer des offrandes. Le Lion aime la richesse, l'abondance, la beauté. Il est le signe qui prend les commandes de la saison la plus fertile et florissante de l'année. Sa générosité naturelle l'amène à partager ce que la nature ou la vie lui donnent. Il adore honorer toutes sortes de dieux ou déesses. Notez qu'il rêve d'atteindre l'Olympe et se prend parfois pour un dieu. Il leur consacre un autel sur lequel il dispose avec un grand sens esthétique ses offrandes.

Sa magie

L'invocation des déesses magiciennes. Le Lion appartient à la lignée des grandes prêtresses de l'Antiquité. Ces femmes puissantes et vénérées dans les temples, qui pratiquaient des rituels de haute magie et d'initiation sexuelle divine. Pour se connecter à cette mémoire, le Lion invoque les déesses magiciennes, comme Isis l'Égyptienne ou Ishtar la Babylonienne, en prononçant trois fois leur nom puis en recueillant leur message lors d'une méditation.

Sa déesse

Isis. La gagnante est Isis, déesse égyptienne de l'Amour, de la magie et de l'union sexuelle. Sœur et épouse du dieu Osiris, elle part à la recherche du corps sans vie et démembré de son époux, tué par son frère Seth. Elle reconstitue son corps en le momifiant, s'unit à lui et donne naissance à Horus. Isis est une déesse fondamentale pour comprendre les polarités du féminin et du masculin. Elle guide les femmes qui veulent trouver leur puissance, leur autorité et leur pouvoir.

Son animal totem

Le saumon. Dans l'astrologie amérindienne, le saumon est l'animal totem des personnes nées lors de la lune des Baies mûres, soit la deuxième lune de l'été. Il incarne les dons tels que l'enthousiasme, la créativité, l'amour, l'amitié, le courage et la joie de vivre. Sa médecine permet d'asseoir son *leadership* grâce à son énergie débordante et son courage tout terrain.

Son truc pour se connecter à l'Univers

Créer un autel. Le Lion est l'artiste des autels. Sa créativité explose quand il compose ces espaces sacrés. Il y représente les quatre éléments avec un instinct remarquable, choisit avec un soin infini les objets, les plantes, les cristaux, la déesse, le dieu, l'ancêtre ou la personne qu'il souhaite honorer. Ses autels sont conçus comme une ode à la beauté du monde et de la vie.

La Vierge

SON MANTRA

« Je suis reconnaissante envers la vie, la nature, l'humain, tout cet amour qui m'entoure et me soutient. J'ai confiance en moi et en mes talents. »

Sa place dans le zodiaque

Vous êtes née entre le 22 août et le 22 septembre, vous êtes Vierge, le 6e signe en piste. La Vierge boucle la première partie du cycle. C'est un signe de transition. Du Bélier à la Vierge, la personnalité s'est construite pas à pas. Désormais, la mission du zodiaque est de se tourner vers les autres, de lâcher la construction de l'ego pour partager, se réaliser, intégrer la vie sociale. La Vierge vérifie tous les derniers détails, peaufine ce passage, conserve le meilleur afin d'être en parfaite position pour aller rencontrer l'autre et plonger dans le monde. C'est un signe de précision, de dévotion, de service et de grande connaissance. En phase Vierge, on se perfectionne, on soigne, on rend service, on développe son discernement, on écoute son corps, on en prend soin. On trie, on sélectionne ce qui est bon pour nous et pour les autres. On épure, on commence à lâcher une part de son ego pour entrer dans l'altérité.

Son portrait psy

Les qualités qu'on lui envie

✷ **Son sens du soin.** La Vierge est l'un des signes les plus sensibles aux énergies du corps. C'est une guérisseuse exceptionnelle, un brin alchimiste et sorcière. Comme elle a peu confiance en elle, elle approfondit ses connaissances et se forme en permanence pour atteindre la perfection.

✷ **Son discernement.** Elle n'a pas son pareil pour séparer le bon grain de l'ivraie. D'une patience et d'un dévouement inouïs, elle analyse, recoupe les informations, pèse le pour et le contre avant de prendre une décision. Ses obsessions ? La justesse, la mesure, l'équilibre.

✷ **Son organisation.** La Vierge est la reine de l'organisation, des *to-do lists*, des rétroplannings, des présentations chiffrées. Tout est impeccablement rangé,

Élément : Terre. **Polarité :** Yin. **Saison :** Fin de l'été.
Planète : Mercure. **Organe :** Intestin. **Couleurs :** Blanc, lilas, vert pastel.
Chakra : Gorge. **Archétype :** La mystique. **Mission :** Servir.

planifié, budgété. Un peu trop, même : en perdant le sens de l'improvisation, voire du désordre, il lui arrive d'oublier sa créativité.

Les défauts qui nous font fuir

✷ **Son ultra-perfectionnisme.** Objectif zéro défaut ! La Vierge met la barre haut, très haut. Une virgule oubliée et c'est tout un rapport qui est à jeter, vilipendé. Rarement satisfaite, elle passe son temps à peaufiner, améliorer, refaire pour atteindre la perfection. Vous savez, celle qui n'existe pas. Elle est « pesante » mais ultracompétente et digne de la plus haute confiance.

✷ **Son hypocondrie.** La Vierge est incollable sur les sites de santé et les propriétés des huiles essentielles, et suit de près la recherche médicale. Sa boîte à pharmacie est un modèle du genre. Vous y trouverez de tout, de la crème pour les piqûres en passant par l'aspirine.

✷ **Sa fausse modestie.** La Vierge a une sainte horreur de se mettre en avant et pourtant, elle est toujours en quête d'excellence. Elle ne dira rien si vous ne la félicitez pas assez pour son bon travail, mais n'en dormira pas de la nuit. Elle attend les bravos en rongeant son frein sans oser l'avouer.

LES SIGNES BIENVENUS DANS SA TEAM

- **Le Taureau,** sa patience, son endurance, sa compréhension du corps la rassurent.
- **Le Cancer,** qui lui apporte cette touche de sensibilité qu'elle aime tant recevoir.
- **Le Capricorne,** totale confiance, ils sont sur la même longueur d'ondes : même rigueur, même sens des responsabilités.

LES SIGNES QUI LE DÉROUTENT

- **Le Bélier,** trop *speed*, trop *punchy* et direct, il lui donne le tournis.
- **Le Gémeaux,** trop versatile, léger et insouciant, elle ne lui fait pas confiance mais sa vivacité d'esprit la bluffe.
- **Le Lion,** trop sûr de lui, snob et altier même si elle admire son exigence.

SON KIT LITHOTHÉRAPIE

- **Sa pierre de naissance :** le péridot, qui régule la nervosité émotionnelle, apporte de la lumière dans notre espace intérieur. Il développe l'analyse, la concentration et l'intégrité.
- **Pour booster ses qualités :** l'agate, pierre de douceur, qui pacifie les tensions, détend le mental et l'émotionnel, et invite au calme.
- **Pour corriger ses défauts :** l'aigue-marine, qui soulage le stress, facilite la verbalisation, la clarification de l'esprit, et apaise les incompréhensions.

Son portrait Witchy

Son plus grand pouvoir

Séparer le bon grain de l'ivraie. La Vierge a l'œil pour dénicher le vrai du faux, le bon du mauvais. Précise, compétente, technique, elle étudie sous toutes les coutures les sujets, se renseigne, teste et prend ses décisions quand toutes les pistes ont été évaluées. En réalité, son instinct est le plus fort même s'il a besoin de toutes ces batteries de tests et de compétences pour se rassurer. Elle « sait » mais ne le présente pas comme cela.

Sa magie

Les tisanes guérisseuses. La Vierge est l'apothicaire du zodiaque, celle qui connaît le mieux les propriétés médicinales des plantes. Elle les collectionne, les sèche, les conserve. Elle n'a pas son pareil pour créer ses propres tisanes, breuvages et autres potions magiques.

Sa déesse

Déméter. Toutes les déesses « semeuses et récolteuses » l'inspirent. Mais celle qui la touche le plus est Déméter, déesse grecque des moissons et des récoltes. Elle enseigne aux humains l'art du semis et des labours jusqu'à ce que sa vie bascule. Hadès, le seigneur des mondes souterrains, enlève sa fille Perséphone. Désespérée, elle erre des jours et des jours pour la retrouver. La Terre est devenue stérile, victime de son chagrin. Zeus intervient et autorise Perséphone à revenir six mois par an auprès de sa mère. La Vierge se reconnaît dans le visage de cette déesse qui inspira les célèbres mystères d'Eleusis où l'on célébrait le cycle vie-mort-vie, symbole de renaissance.

Son animal totem

L'ours. Dans l'astrologie amérindienne, l'ours est l'animal totem des personnes nées lors de la lune de la Moisson, soit la dernière lune de l'été. Il incarne des dons tels que l'ardeur au travail, la droiture, la précision, la discrétion, la modestie et l'analyse. Sa médecine permet de traverser les périodes difficiles en travaillant la confiance en soi mais aussi en utilisant la puissance physique et la force émotionnelle de l'ours, qui surmonte tous les obstacles et ne flanche jamais.

Son truc pour se connecter à l'Univers

La cueillette sauvage. La Vierge part sur les chemins de campagne, en forêt ou dans son jardin, son panier à la main pour ramasser les plantes, les fleurs et les herbes qui vont servir à créer ses remèdes naturels. Précise dans son geste, observatrice et précautionneuse, elle s'évade, vide son esprit, et se connecte à la nature et à son intériorité en collectant les trésors du règne végétal.

La Balance

SON MANTRA

« Je cultive la paix, l'harmonie et la beauté. Je me connecte à toutes les énergies de l'amour, de la justice et de la tolérance. »

Sa place dans le zodiaque

Vous êtes née entre le 23 septembre et le 22 octobre, vous êtes Balance, le 7e signe à entrer dans la course. La Balance inaugure la seconde partie de l'année sur la roue du zodiaque. Le Soleil a parcouru les 6 premiers signes. La construction de l'identité est achevée. Le moment est venu de se confronter au monde, de partager, de transmettre ses valeurs et de se réaliser. La Balance est le signe de la rencontre amoureuse, professionnelle, amicale, philosophique et spirituelle. Vénus, la déesse de l'amour et de la beauté, guide ses pas. Elle tisse les liens, la confiance et l'équilibre dans toutes les relations. En phase Balance, on se rencontre, on tombe amoureux, on aime. On défend la justice, la mesure et le dialogue. On organise des concertations, on fait de la diplomatie, on construit et on préserve la paix.

Son portrait psy

Les qualités qu'on lui envie

✷ **Son pouvoir de séduction.** Elle possède ce « je ne sais quoi » qui fait la différence. Elle compose des looks en parfait accord avec sa silhouette, réalise le *make-up* qui se voit à peine mais qui produit un effet dévastateur. Son point fort ? Le regard ! Mais encore ? Son allure, un modèle de délicatesse et d'élégance.

✷ **Sa tolérance.** Elle n'a pas son pareil pour se mettre à la place de l'autre, écouter tous les avis, les mettre en valeur et sur un pied d'égalité. Elle respecte les différences et prend la défense de ceux ou celles en proie aux discriminations. Elle possède un profond sens de la justice et de l'équité.

✷ **Son sens esthétique.** Elle fait partie de la *team* artiste du zodiaque. Ce n'est pas la plus créative mais son goût est parfait. Elle voue un culte inconditionnel à la

23 septembre – 22 octobre

Élément : Air. **Polarité :** Yang. **Saison :** Début de l'automne.
Planète : Vénus. **Organes :** Reins, colonne vertébrale. **Couleurs :** Pastel, nude.
Chakra : Cœur. **Archétypes :** L'amoureuse, la séductrice. **Mission :** Équilibrer.

beauté. Elle a un sens inné des proportions, des mariages harmonieux de couleurs. Décoratrice, styliste, elle excelle dans tous ces domaines.

Les défauts qui nous font fuir

✷ **Son indécision.** Aïe ! On touche le cœur du réacteur des points faibles de notre chère Balance, à savoir l'art de choisir et décider. À force de respecter tous les points de vue, de vouloir séduire la terre entière, la Balance se coupe de son intuition, de son instinct, ces petits plus qui vous aident à trancher. Au lieu de cela, elle tergiverse, botte en touche et finit par suivre le dernier avis, au risque de faire un mauvais choix.

✷ **Sa passivité.** Tout est lié. Ses hésitations passent à tort pour de la passivité. Mais cette difficulté à trancher, à prendre des risques l'oblige à gérer le *statu quo* et l'agacement de ses proches. Un pas en avant, un pas en arrière, elle finit par faire du sur-place et se décrédibiliser.

✷ **Ses incohérences.** Sa peur de déplaire nuit à l'expression de ses convictions. Sa ligne de conduite n'est pas toujours claire et précise. Ses opinions vacillent et bougent au gré de ses rencontres. Elle a du mal à se faire une opinion sauf quand il s'agit de lutter contre des injustices.

LES SIGNES BIENVENUS DANS SA TEAM

- **Le Taureau.** Ils se partagent les charmes de Vénus, la déesse de l'amour et de la beauté. Côté *love*, ils sont sur la même longueur d'onde.
- **Le Lion,** pour sa classe et son bon goût. Ils visitent les galeries, les musées bras dessus, bras dessous.
- **Le Sagittaire,** pour sa curiosité intellectuelle, son sens de la justice, sa vision altruiste du monde.

LES SIGNES QUI LE DÉROUTENT

- **Le Bélier.** Sûr de lui, en mode combat, prêt à bondir, il la toise à l'autre bout du zodiaque. Elle n'entre pas dans son jeu.
- **Le Scorpion,** trop puissant, jaloux et mystérieux. Tous les deux jouent dans la cour des grands côté séduction. Le duel est serré.
- **Le Capricorne.** Distant, taiseux, son look d'ascète ne la laisse pas indifférente, mais qu'il est difficile de lui parler amour et sentiments !

SON KIT LITHOTHÉRAPIE

- **Sa pierre de naissance :** le quartz rose, qui diffuse un bain d'amour inconditionnel sans projections, ni croyances. Il clarifie sa vision de l'amour.
- **Pour booster ses qualités :** la topaze impériale, qui booste le charme et la vie amoureuse. Elle renforce sa capacité à se connecter à son pouvoir intérieur.
- **Pour corriger ses défauts :** la turquoise, qui affine le discernement, calme le mental.

Son portrait Witchy

Son plus grand pouvoir

Équilibrer les énergies. La Balance décèle instinctivement les déséquilibres, les points de fixation, les blocages. En mettant pile poil le doigt sur le lieu du désordre, du manque ou de l'excès, elle excelle dans l'harmonisation des chakras. Son préféré ? Le cœur, le noyau d'amour et de compréhension nécessaires pour trouver l'équilibre. Dans ce cas précis, *exit* l'indécision, elle pose naturellement la main sur la dissonance, prononce le mot juste, l'intention parfaite et relance la circulation de l'énergie.

Sa magie

L'art-thérapie. La Balance en est certaine : la beauté peut sauver le monde. Son point fort ? Libérer les talents, réparer les âmes blessées *via* la joie de créer et de produire du beau. Quelle que soit la discipline retenue, elle révèle l'étincelle créative qui sommeille en vous.

Sa déesse

Aphrodite. Elle admire toutes les divinités de l'amour. Mais sa préférée est Aphrodite, la figure grecque de ce prestigieux panthéon. Épouse, amante, séductrice, maîtresse, elle incarne toutes les facettes du féminin. Halte au cliché, Aphrodite n'est pas une potiche glamour mais une femme puissante qui revendique et assume sa liberté d'aimer qui bon lui semble.

Son animal totem

La corneille. Dans l'astrologie amérindienne, la corneille est l'animal totem des personnes nées lors de la lune du Vol des canards, la première de l'automne. Elle incarne les dons de cet oiseau intelligent tels que l'idéalisme, le sens de la diplomatie, le charme et la gentillesse. Sa médecine permet de sortir de l'ennui et de la routine en boostant l'ouverture d'esprit et la souplesse.

Son truc pour se connecter à l'Univers

Danser. Elle est issue de la lignée des déesses des arts comme des prêtresses, l'énergie et la beauté des danses sacrées coulent dans ses veines. Avec ou sans technique, la Balance se met naturellement en mouvement et en communion avec les rythmes pour réveiller la femme divine qui sommeille en elle.

Le Scorpion

SON MANTRA

« Je suis consciente de mon pouvoir intérieur.
Je suis ancrée et à l'aise avec ce don de vision
et d'incarnation des ombres et des lumières.
Je cultive cette force pour le bien de tous. »

Sa place dans le zodiaque

Vous êtes née entre le 23 octobre et le 21 novembre, vous êtes Scorpion, le 8e signe en piste. Le Scorpion reprend le flambeau de la Balance. Sa mission ? Sortir du compromis et de la séduction consensuelle pour basculer en mode passion. Le 8e signe du zodiaque est le lieu des prises de risque, des expériences limites, de la descente dans notre chaudron intérieur. Le Scorpion explore les profondeurs de la psyché humaine, ses trésors comme ses ombres. Le but ? Transformer notre plomb en or, travailler la lucidité pour dire adieu à tout ce qui doit partir. En phase Scorpion, on assume sa sexualité, on se dépasse, on se transforme, on apprivoise son pouvoir intérieur. On résiste, on confronte ses ombres, on apprend à « mourir » pour mieux renaître.

Son portrait psy

Les qualités qu'on lui envie

✷ **Son côté extralucide.** Le Scorpion lève les voiles, avec ou sans consentement. Il sonde les cœurs, les énergies d'un lieu, la sincérité d'une relation. Il décrypte les messages cachés du langage corporel, repère les non-dits conscients ou inconscients. Rien ne lui échappe, cela lui donne un coup d'avance mais entretient sa méfiance.

✷ **Sa résilience.** Indestructible, le Scorpion, tel le Phénix, renaît de ses cendres. Son secret ? Il est connecté aux cycles de la nature et sait que tout doit disparaître pour renaître. La symbolique de la mort ne lui fait pas peur, elle fait partie de son ADN. Il cultive mieux que personne cette puissance régénératrice qui lui permet d'encaisser et de survivre à toutes les épreuves.

Élément : Eau. **Polarité :** Yin. **Saison :** Cœur de l'automne.
Planètes : Pluton et Mars. **Organes :** Organes sexuels et de reproduction.
Couleurs : Rouge tibétain ou persan, noir, violet profond. **Chakra :** Sacré.
Archétypes : L'alchimiste, la *modern witch*. **Mission :** Transformer

✷ **Son magnétisme.** Le Scorpion est fascinant, charismatique. Sur un mode radicalement différent de son « meilleur ennemi » le Lion, tout en lumière et en transparence, le Scorpion mise sur le mystère, l'envoûtement et l'érotisme. Son pouvoir de séduction est indéfinissable mais redoutable.

Les défauts qui nous font fuir

✷ **Son pessimisme.** Il a une vision à 360 degrés du monde. Il voit en simultané le positif et le négatif. D'où ce côté pessimiste et sombre qui lui colle à la peau et dont il est la première victime. Car il voit le verre à moitié vide plutôt qu'à moitié plein, et son humeur s'en ressent.

✷ **Son intransigeance.** Le Scorpion ne fait pas de quartier, son exigence est maximale. Il dit *cash* ce qu'il pense. S'il n'est pas satisfait, cela se voit tout de suite. Son regard en dit long sur son ressenti. Blessant ? Sûrement, mais sachez qu'il est encore plus dur avec lui-même.

✷ **Sa jalousie.** Le Scorpion se donne à 100 % en amour comme en affaires. Le revers de la médaille ? Tout est presque une question de vie ou de mort quand il s'implique dans une relation. Résultat, le moindre doute, la moindre blessure sont perçus comme insupportables. Sa réaction ? La jalousie dont il a un mal fou à se débarrasser.

LES SIGNES BIENVENUS DANS SA TEAM

- **Le Taureau.** Ils s'opposent dans le zodiaque mais partagent la même intensité amoureuse. Ils s'attirent comme deux aimants amants.
- **Le Cancer,** pour sa douceur, sa sensibilité, sa bienveillance qui soignent ses tourments.
- **Le Poissons,** pour sa capacité à se donner à 100 %, à franchir les limites et à s'abandonner.

LES SIGNES QUI LE DÉROUTENT

- **Le Lion.** Le duel le plus costaud du zodiaque, deux caractères bien trempés. *Clash* et admiration au programme.
- **La Vierge,** trop timide et précautionneuse. Le Scorpion est d'autant plus agacé qu'il voit le potentiel énorme de ce signe qui n'ose pas assez.
- **Le Verseau,** qu'il regarde avec curiosité. Mais les ponts entre eux sont minces car ils ne voyagent pas dans le même univers.

SON KIT LITHOTHÉRAPIE

- **Sa pierre de naissance :** l'obsidienne, qui dissout les colères, booste la force vitale. Elle donne une juste place à son pouvoir intérieur.
- **Pour booster ses qualités :** le grenat, qui accroît le champ de conscience et la magie personnelle.
- **Pour corriger ses défauts :** l'aigue-marine, qui dissout les pensées négatives et les sentiments d'échec. Pierre de communication, elle facilite la verbalisation.

Son portrait Witchy

Son plus grand pouvoir

Contacter l'invisible. Le Scorpion est à l'aise avec l'inconscient, les mondes souterrains, la communication avec l'au-delà et l'invisible. Il adore fouiller, lever les voiles, se confronter à l'inconnu. Il utilise son intuition pour sonder le passé comme le futur. Il parle avec les « âmes défuntes », les esprits de la nature, les arbres, les pierres. Il voit ce que nous ne voyons pas.

Sa magie

Les rituels. Il a l'art et la manière de créer un espace sacré, de le purifier, le consacrer. Il invoque les déesses, les ancêtres, l'inconscient individuel et collectif. Ses autels sont réalisés à l'instinct et avec ses tripes. Il n'a pas peur de représenter ce qui n'est pas aimable, pas beau, dérangeant. Il réveille les ombres pour mettre en valeur les beautés cachées.

Sa déesse

Lilith. Elle est la première épouse d'Adam, celle qui est partie du paradis de son plein gré car elle a refusé de jouer les seconds rôles. Après ce coup d'éclat, elle a été bannie, ostracisée, diabolisée parce qu'elle a osé un acte de liberté et d'autonomie. Lilith est « celle qui dit non », qui assume ses ombres, ses colères, sa sexualité.

Son animal totem

Le serpent. Dans l'astrologie amérindienne, le serpent est l'animal totem des personnes nées lors de la lune du Gel, soit la seconde de l'automne. Il incarne les dons de cet animal puissant et redouté comme la capacité à muer, à se transformer et à renaître. Sa médecine permet de lâcher prise pour accueillir le changement grâce à une extrême souplesse, sa plasticité face aux événements.

Son truc pour se connecter à l'Univers

La purification. Ultrasensible aux atmosphères, le Scorpion capte comme une éponge toutes les énergies d'un lieu ou d'une personne. Il pratique la purification pour se protéger des mauvaises ondes, pour se débarrasser des scories désagréables après un rituel intense et puissant. Il utilise les encens, la sauge, le palo santo et les pierres.

Le Sagittaire

SON MANTRA

« Je cultive mon appartenance à cette terre. Je suis reliée au règne vivant, végétal et minéral. Je m'étends en respectant le monde qui m'entoure. »

Sa place dans le zodiaque

Vous êtes née entre le 22 novembre et le 21 décembre, vous êtes Sagittaire, le 9e signe. Le Sagittaire se lance sans attendre, l'arc brandi vers la ligne d'arrivée. Il est concentré sur son objectif. L'arrivée du Soleil en Sagittaire signe le retour à la lumière après le voyage du Scorpion dans le chaudron de notre psyché. Riche de cette expérience, le Sagittaire peaufine ses connaissances, enseigne la sagesse qu'il a acquise. Sa curiosité n'a pas de frontières, il explore les richesses de la Terre. En phase Sagittaire, on se fixe des objectifs, on continue d'apprendre. On transmet son savoir, ses expériences. On fait le point sur ses croyances religieuses, philosophiques, politiques ou spirituelles. L'altérité, le sens de la justice, l'humanisme sont au cœur du projet Sagittaire.

Son portrait psy

Les qualités qu'on lui envie

✷ **Son optimisme.** Le Sagittaire exprime une joie de vivre, un enthousiasme à toute épreuve. Toujours partant, il avance dans la vie le sourire aux lèvres, le cœur joyeux, l'esprit conquérant. Il ne baisse jamais les bras et regarde toujours le bon côté des choses.

✷ **Son ouverture d'esprit.** Sa curiosité est sans frontières. Il se passionne pour les voyages, les cultures, les savoirs en provenance de tous les continents. Il rêve d'une bibliothèque digne de celle d'Alexandrie. Et pourtant, la sienne est déjà bien fournie. Il collectionne les livres, les documentaires, les derniers magazines *hype* dénichés dans un aéroport.

✷ **Son esprit aventurier.** *On the road again* ! Il endosse le costume du globe-trotteur du zodiaque avec un bonheur infini.

Élément : Feu. **Polarité :** Yang. **Saison :** Fin de l'automne.
Planète : Jupiter. **Organes :** Hanches, cuisses, foie.
Couleurs : Orange, bleu indigo. **Chakra :** Plexus solaire.
Archétypes : Le philosophe, l'humaniste. **Mission :** Découvrir.

La valise prête, il a toujours un ou deux voyages en tête ou en préparation. La Terre est tout juste assez grande pour satisfaire sa soif de découvertes et d'exploration. S'il ne peut pas voyager, il s'évade par l'esprit, par toutes les formes de culture et d'apprentissage à sa portée.

Les défauts qui nous font fuir

✷ **Ses excès.** Le Sagittaire s'enflamme sans prendre en compte les contingences matérielles et physiques. Épicurien, bon vivant, le principe de plaisir est au cœur de son ADN. Pas question de résister à la tentation : à table, en amour ou en shopping, le Sagittaire se régale en mode XXL. Il frôle la ligne rouge, s'en mord les doigts, puis recommence.

✷ **Sa bougeotte incessante.** Il ne tient pas en place. Son insatiable curiosité, et son esprit d'entreprise et de conquête dictent son agenda : pas question de refuser une invitation. Les tâches, les rendez-vous s'accumulent. Il prend du retard, oublie de prévenir un pote qu'il ne pourra pas venir le voir. On lui en veut un moment, mais pas plus.

✷ **Son côté donneur de leçon.** Cultivé, le Sagittaire adore partager ses connaissances et ses expériences au risque de saouler son entourage et de se mêler de ce qui ne le regarde pas. Aucune mauvaise intention, mais c'est plus fort que lui, il ne peut s'empêcher de donner son avis. Comme le mot « limite » n'a pas de sens pour lui, il devient franchement pénible et se transforme en Madame ou Monsieur Réponse à tout.

LES SIGNES BIENVENUS DANS SA TEAM

- **Le Bélier.** Ils s'inspirent et se motivent mutuellement avec la même rage de vaincre et d'atteindre leurs objectifs.
- **La Balance.** Ils partagent le même sens de la justice et de l'altérité.
- **Le Verseau,** dont il admire la créativité, l'originalité et la capacité à mener ses combats jusqu'au bout.

LES SIGNES QUI LE DÉROUTENT

- **Le Taureau,** trop lent, conservateur et casanier, il rame en sa compagnie mais admire son endurance.
- **La Vierge.** Il n'a pas d'atome crochu avec cette perfectionniste pleine de doutes. Il ne comprend pas son principe de précaution.
- **Le Scorpion,** qui lui file le cafard : il déteste envisager en même temps et à égalité le positif et le négatif.

SON KIT LITHOTHÉRAPIE

- **Sa pierre de naissance :** la turquoise, qui développe la créativité, l'humanisme et l'éloquence. Elle permet de se connecter à de nouvelles dimensions et autres champs de conscience.
- **Pour booster ses qualités :** l'améthyste, qui développe la pleine conscience, l'empathie et la tempérance.
- **Pour corriger ses défauts :** la citrine, qui chasse les pensées négatives et les peurs.

Son portrait Witchy

Son plus grand pouvoir

La transmission. Le Sagittaire incarne la figure de l'enseignant, l'archétype du philosophe. Sa culture et son savoir sont immenses. Mais pas question de garder toute cette connaissance pour lui, ni de rester dans l'ombre de sa bibliothèque : le Sagittaire est sur le terrain, il communique, partage, dialogue à la manière d'un philosophe antique. Son talent ? Transmettre dans la clarté, le dialogue et l'ouverture d'esprit.

Sa magie

Les cercles, les ateliers de groupes. Son altruisme et son goût des autres sont incontestables et incontestés. La sororité et la fraternité sont des valeurs essentielles. Pratiquer une quête intérieure, une spiritualité, un enseignement ou un savoir en solo, pas question ! Le Sagittaire est porté par la force du groupe. Il est parfait pour créer et animer un cercle, quel que soit son but et sa composition.

Sa déesse

Grand-mère Araignée. Elle est une figure centrale des mythologies amérindiennes (hopis, navajos, cherokee et lakota). Elle prend la forme d'une araignée ou d'une très vieille femme gardienne et créatrice du monde. Sa toile géante relie tous les êtres vivants sur cette terre. Elle symbolise le lien, la connexion entre les créatures peuplant notre planète.

Son animal totem

L'élan. Dans l'astrologie amérindienne, l'élan est l'animal totem des personnes nées lors de la lune des Longues Neiges, la dernière lune de l'automne. Il incarne les dons de cet animal comme le sens de la justice, la droiture, la sagesse, l'optimisme et le goût de la liberté. Sa médecine permet de rétablir et conserver la vérité et la justice.

Son truc pour se connecter à l'Univers

Les mandalas. Le Sagittaire a une pensée large et holistique. Le mandala est un motif qui l'inspire énormément. Il lui permet d'embrasser d'un coup d'œil une pensée, une intention. Mais le plus important est l'effet de recentrage et de concentration vers le centre du motif qui l'aide à canaliser son énergie. En dessin ou en coloriage, avec des cristaux ou des fleurs, toutes les formes de mandala sont les bienvenues.

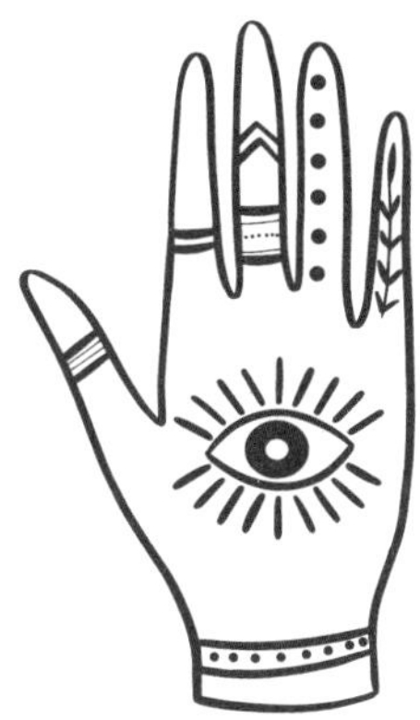

Le Capricorne

SON MANTRA

« J'assume mon autorité, mon pouvoir et mes responsabilités. Je connecte ma sagesse, mon expérience pour le bien et la protection de tous. »

Sa place dans le zodiaque

Vous êtes née entre le 22 décembre et le 19 janvier, vous êtes Capricorne, le 10e signe dans la course. Il prend la suite du Sagittaire avec calme et assurance. Responsable, mature, ambitieux, le Capricorne est l'un des signes les plus endurants et fiables du zodiaque. *Never explain, never complain**, il valide la devise des « Royals » de la couronne d'Angleterre. Ainsi, il fait son devoir, prend ses responsabilités et les assume sans ménager ses efforts. En phase Capricorne, on avance d'un pas assuré, on construit, on hausse d'un cran ses ambitions. On acquiert de la maturité, des responsabilités et de la sagesse. On assume ses choix et on s'emploie à conserver et à consolider ses acquis. C'est l'étape la plus stable et mature de l'épopée zodiacale.

* « Ne jamais s'expliquer, ne jamais se plaindre. »

Son portrait psy

Les qualités qu'on lui envie

✷ **Son sérieux.** Confier une tâche, une responsabilité à un natif du Capricorne est une assurance tout risque. Elle sera exécutée et conduite dans les délais. Rigoureux, précis, exigeant, le moindre détail est passé au crible et vérifié. Au bureau, c'est un collaborateur *premium*, limite irremplaçable.

✷ **Son sens des responsabilités.** Un coup dur privé ? Un coup d'accélérateur pro ? Le Capricorne assure. Il endosse son costume de chef des opérations, prend sur lui, décide et assume jusqu'au bout ses décisions quelles qu'en soient les conséquences. Il adore !

✷ **Son sens du devoir.** Le Capricorne ne refuse pas l'obstacle quand les difficultés montent d'un cran. Il reprend à son compte la devise du « Quoiqu'il en coûte »

Élément : Terre. **Polarité :** Yin. **Saison :** Début de l'hiver.
Planète : Saturne. **Organes :** Genoux, squelette, dents.
Couleurs : Gris anthracite, noir, bleu marine, marron chocolat. **Chakra :** Racine.
Archétypes : Le vieux sage, l'architecte. **Mission :** Construire.

et se bat comme un lion pour remplir sa mission. Il ne lâche rien tant qu'il est certain que son action est utile et fait partie de son contrat. Il assume quitte à s'épuiser physiquement et moralement.

Les défauts qui nous font fuir

✷ **Son rigorisme.** Ça rigole pas, dans la *team* Capricorne. Les règles sont strictes, la feuille de route gravée dans le marbre. Le pas de côté, le *freestyle* n'ont pas leur place dans sa méthode. Le revers de la médaille ? L'erreur géniale, la créativité sont étouffées au risque de bloquer l'innovation et le mouvement.

✷ **Sa froideur.** Taiseux, le Capricorne est le roi de la planque côté émotions et sentiments. Un énorme panneau « Privé » s'affiche à la porte de son cœur. Il cache bien son jeu, car derrière cette façade ascétique se cache un être ultrasensible qui ne supporte pas d'être pris en flagrant délit émotionnel ou sentimental.

✷ **Son conservatisme.** Le Capricorne incarne le point de stabilité et d'ancrage du zodiaque. Sa mission est de conserver les acquis, de consolider ce qui existe et de protéger. Il a du mal à desserrer l'étau des contraintes et des règles.

LES SIGNES BIENVENUS DANS SA TEAM

- **Le Taureau,** pour sa capacité à prendre tout son temps pour rendre un travail parfait ou construire une relation à long terme.
- **La Vierge,** pour son perfectionnisme et ses compétences top niveau.
- **Le Sagittaire,** qui booste son moral. Il apporte la touche humaniste et sexy qui lui manque.

LES SIGNES QUI LE DÉROUTENT

- **Le Gémeaux.** Son côté touche-à-tout et imprévisible lui hérisse le poil mais sa vivacité d'esprit le bluffe à chaque fois.
- **Le Cancer.** Sa sensibilité à fleur de peau le laisse sans voix. Désarmant mais touchant !
- **La Balance.** Son manque de cohérence et ses hésitations gâchent leurs relations mais ses talents de médiatrice le fascinent.

SON KIT LITHOTHÉRAPIE

- **Sa pierre de naissance :** l'onyx, qui favorise la stabilité mais aussi le sens des réalités et des responsabilités. Elle renforce la confiance en l'avenir.
- **Pour booster ses qualités :** la calcédoine, qui nourrit la réflexion et stabilise la vie amoureuse. Elle adoucit les relations en chassant le stress et l'inquiétude.
- **Pour corriger ses défauts :** la sélénite, qui déploie un bouclier protecteur et libère l'expression des émotions.

Son portrait Witchy

Son plus grand pouvoir

La concentration. Le Capricorne est, à tout moment, capable de couper le son et l'image pour se mettre dans sa bulle. Cette capacité de concentration lui permet d'atteindre une forme de pureté et de perfection quand il médite, travaille ou entre en relation avec quelqu'un en qui il a une totale confiance.

Sa magie

Les élixirs. La quête de pureté du Capricorne s'épanouit dans la réalisation d'élixirs à base de cristaux ou de fleurs. Ce terme latin est emprunté à l'arabe ibérique médiéval *al iksy* qui signifie « pierre philosophale », un clin d'œil à l'alchimie, l'un des arts ésotériques les plus compatibles avec l'esprit Capricorne. L'élixir exprime la quintessence d'une chose, son principe le plus pur. Cette approche entre en résonance avec la mission du signe : atteindre la perfection dans la matière.

Sa déesse

Athéna. Il admire Athéna la déesse de la Sagesse, de la stratégie militaire et de l'artisanat. Sa naissance en dit long sur ses liens avec le Capricorne. Zeus, son père, avale Métis, sa mère (déesse de l'intelligence et de la prudence). Athéna vient au monde en sortant de la tête de son géniteur. Une naissance atypique mais riche de sens quand on sait que le Capricorne symbolise le père dans le zodiaque. Le mental, la rationalité et la stratégie s'incarnent dans cette déesse vierge entièrement dévouée à la protection de sa cité, Athènes. Tellement Capricorne !

Son animal totem

L'oie des neiges. Dans l'astrologie amérindienne, l'oie des neiges est l'animal totem des personnes nées lors de la lune du Renouveau de la Terre, la première lune de l'hiver. Il incarne les dons de cet oiseau majestueux comme l'ambition, la franchise, la discipline. Sa médecine permet de travailler la patience et le sang froid grâce à la sagesse et à la raison.

Son truc pour se connecter à l'Univers

La méditation. Le Capricorne est le signe de l'épure. Pas de cérémonial, un espace calme, un coussin, du silence, et c'est parti. La méditation révèle ses talents. Il a de profondes affinités avec la pratique des retraites et du monachisme en général. La solitude, le silence et l'immobilité ne lui font pas peur. Méditation de pleine conscience, chakras ou mantra, le Capricorne adapte sa pratique en fonction de ses besoins.

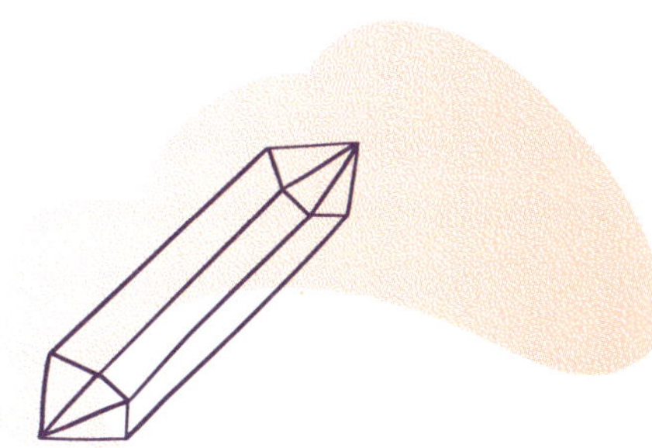

Le Verseau

SON MANTRA

« J'exprime mon indépendance, ma liberté d'esprit et d'action. Je laisse émerger les idées, le changement en toute confiance. Je prends des risques et suis mon intuition. »

Sa place dans le zodiaque

Vous êtes née entre le 20 janvier et le 18 février, vous êtes Verseau, le 11e signe à s'élancer. Le Verseau saisit le bâton de relais transmis par le Capricorne et s'en débarrasse aussitôt. Il remercie son prédécesseur pour son travail, puis s'empresse de tout changer. Son but ? Casser les codes. Dernier signe d'air en piste, le Verseau est le plus mental et connecté au futur. Il renverse la table et réécrit les règles du vivre ensemble. Solidaire et fraternel, il plaide pour la diversité, l'égalité des droits et la liberté. En phase Verseau, on se libère du passé, des vieux schémas de pensée, des contraintes et des limites. On prend son indépendance, on cultive son autonomie, on protège sa liberté et celle des autres. On s'engage, on milite, on crée, on invente un nouveau monde.

Son portrait psy

Les qualités qu'on lui envie

✷ **Sa créativité.** Il capte l'air du temps, les signaux faibles en provenance de l'avenir. Sa créativité n'est pas artistique mais conceptuelle. Il ouvre la voie du futur en mixant une touche d'intuition, quelques idées de génie et l'audace d'y croire.

✷ **Son engagement social.** Le Verseau a le souci du collectif chevillé au corps. Il pense groupe, cercle, réseau, famille d'idées. Son but ? Réinventer les codes de la société vers davantage de liberté. Il mouille le maillot pour défendre ses collègues, une association caritative, etc. Le Verseau a toujours un combat sur le feu.

✷ **Son indépendance.** C'est la ligne rouge à ne pas franchir. Fâché avec le principe d'autorité et les contraintes, le Verseau est un électron libre. Il cherche

Élément : Air. **Polarité :** Yang. **Saison :** Cœur de l'hiver.
Planètes : Uranus et Saturne. **Organes :** Chevilles, jambes.
Couleurs : Bleu électrique, couleurs néons. **Chakra :** 3ᵉ œil.
Archétypes : la rebelle, le génie. **Mission :** Innover.

l'émancipation, la sienne et celle des autres. C'est un libre penseur. Lobby en tous genres, passez votre chemin, jamais vous ne parviendrez à briser l'indépendance d'esprit d'un Verseau.

Les défauts qui nous font fuir

✷ **Son extrémisme.** C'est justement parce qu'il a des idées bien arrêtées, un goût immodéré pour la liberté et l'indépendance qu'il dérape. Prêt à tout pour défendre la cause qui lui tient à cœur, il franchit la ligne rouge de la bienséance. Emporté par la passion et l'intime conviction, il va au bout du bout de ses combats.

✷ **Son indifférence.** Autant il est à l'aise dans la sphère sociale, autant il est fuyant dans sa vie affective. Il a une peur bleue de perdre sa liberté. Résultat, il recule au maximum le moment où il devra dévoiler ses sentiments. Sa peur passe pour de l'indifférence mais c'est plus compliqué qu'il n'y paraît.

✷ **Son côté marginal.** Droit dans ses bottes, il ne fait aucune concession, quitte à se mettre au ban. Il accepte d'être le vilain petit canard de la bande, celui dont les idées sont tellement en avance que personne ne les comprend. Attention, à force de rejeter la contradiction, il reste isolé et enfermé dans sa bulle de conviction.

LES SIGNES BIENVENUS DANS SA TEAM

- **Le Bélier,** pour son côté *warrior,* son courage et sa rage de gagner. Ensemble, ils forment une *team* redoutable.
- **Le Gémeaux,** pour sa culture, sa vivacité d'esprit, ses dons d'orateur et de débatteur.
- **Le Sagittaire,** il apprécie son optimisme, son enthousiasme et sa capacité à trouver un consensus.

LES SIGNES QUI LE DÉROUTENT

- **Le Taureau,** beaucoup trop lent, conservateur et ancré dans le réel. Il est efficace mais manque d'audace.
- **Le Cancer,** trop sensible et changeant, il lui demande la lune mais il ne peut pas la lui offrir.
- **Le Capricorne.** Ensemble, ils rejouent le combat entre les Anciens et les Modernes. La méfiance est de mise.

SON KIT LITHOTHÉRAPIE

- **Sa pierre de naissance :** le lapis-lazuli, qui développe l'objectivité, la clairvoyance et l'autonomie.
- **Pour booster ses qualités :** la turquoise, qui développe l'intuition, la créativité et adoucit les communications.
- **Pour corriger ses défauts :** la cornaline, qui lutte contre l'hyperactivité mentale et reconnecte à la Terre et à ses racines.

Son portrait Witchy

Son plus grand pouvoir

Imaginer le futur. Sans être particulièrement médium ou clairvoyant, le Verseau capte les énergies du futur. Il a du flair, active ses neurones et ses réseaux de connaissance pour rassembler le maximum d'informations. Son talent ? Repérer au *feeling* l'info qui passe sous les radars. Ensuite, il utilise un mental d'acier et une intelligence ultrafine pour imaginer le futur et ses innovations.

Sa magie

La visualisation positive. Il pratique cette technique sous forme de tableau ou de méditation. Pour le tableau, il rassemble des images, des documents, des citations ou des matériaux qui incarnent une idée, un concept ou un projet. Il les assemble sur un support physique ou digital, puis le regarde régulièrement pour s'en imprégner. Autre option, la méditation. Il déroule le film d'un événement dans sa tête, puis il génère le *happy end* de son choix.

Sa déesse

Galadriel la reine des Elfes. Le Verseau s'identifie à Galadriel, la grande prêtresse des Elfes. Cet être surnaturel est issu de la mythologie contemporaine créé par J.R.R. Tolkien dans son livre culte *Le Seigneur des Anneaux*. Elle traverse les différents âges de la Terre du Milieu avec le même objectif : se battre contre les ténèbres et défendre l'indépendance de son territoire. Elle protège la liberté et les talents de tous les peuples de la Terre du Milieu.

Son animal totem

La loutre. Dans l'astrologie amérindienne, la loutre est l'animal totem des personnes nées lors de la lune du Repos et de la Purification, la deuxième lune de l'hiver. Le Verseau incarne les dons de cet animal comme la créativité, la gaieté, la curiosité, l'inventivité et l'humanisme. Sa médecine réinvente le monde et balaie le passé grâce à son goût du jeu, son flair et son audace.

Son truc pour se connecter à l'Univers

La fleur de vie. Il s'agit d'une figure géométrique composée d'une juxtaposition de plusieurs cercles égaux reliés de centre à centre. Elle est utilisée comme un véhicule pour accéder au grand tout. Le Verseau la choisit comme support de connexion et de méditation, car il est le signe qui met en réseau l'humanité et l'Univers. Il utilise ce symbole qui nous unit tous, du niveau cellulaire au niveau cosmique, pour méditer ou comme outil de créativité.

Le Poissons

SON MANTRA

« Je crois à la vie, à l'amour, à la fraternité de tous les êtres vivants sur cette planète et ailleurs. J'écoute ma voix intérieure, je transmets les messages envoyés par l'Univers. »

Sa place dans le zodiaque

Vous êtes née entre le 19 février et le 20 mars, vous êtes Poissons, le dernier signe à s'élancer sur la piste. Le Poissons clôture l'année zodiacale, enrichi par toutes les expériences précédentes. Il assimile l'ensemble des connaissances acquises par les autres signes. Il fonctionne comme une éponge émotionnelle et rassemble toute l'énergie du cycle, le bon comme le moins bon. À charge pour lui de nettoyer les scories toxiques pour ne garder que le meilleur. Sa sagesse est cosmique, elle dépasse celle du Capricorne, beaucoup plus pragmatique et concrète. Son but ? Ouvrir notre humanité et notre conscience à des champs supérieurs d'amour et de connaissance. En phase Poissons, on découvre l'amour inconditionnel, l'empathie, la compassion, le soin et le pardon. On cultive la foi en la vie, en l'amour. On ouvre son cœur, son âme et son esprit. On lâche prise pour accueillir.

Son portrait psy

Les qualités qu'on lui envie

✸ **Son empathie.** Le Poissons capte l'aura émotionnelle de ses interlocuteurs. Il ouvre la porte puis développe une empathie totale. Il est toujours disponible pour recueillir les confidences, les états d'âmes de ses amis et les accompagner du mieux qu'il peut.

✸ **Son imagination.** Illimitée, fantasque, florissante : difficile de qualifier l'imagination Poissons. Quel que soit le support trouvé, artistique, humain, professionnel ou amoureux, le Poissons n'a aucune limite créative. Il hume l'air du temps pour aussitôt le transmettre. Il est un excellent chasseur de tendances.

✸ **Son hypersensibilité.** Il fut un temps où cette qualité aurait tout de suite basculé dans la case défaut. Le monde change

Élément : Eau. **Polarité :** Yin. **Saison :** Fin de l'hiver.
Planètes : Neptune et Vénus. **Organes :** Pieds, glande pinéale.
Couleur : Violet. **Chakra :** Couronne.
Archétypes : L'artiste, le magicien, le guérisseur. **Mission :** Croire.

et les hypersensibles sont enfin reconnus comme des êtres très talentueux. Ce don pour connecter sa sensibilité permet au Poissons de déployer ses plus belles facettes comme la compassion, l'empathie et la capacité de donner de l'amour sans compter.

Les défauts qui nous font fuir

✷ **Son côté insaisissable.** Un cliché ? Non ! Le Poissons vous glisse entre les doigts, se met la tête dans le sable, appuie sur la touche « déni » quand ça l'arrange. Comment lui en vouloir ? Il est lui-même pris à son propre piège. Il ne voit pas la nécessité de se positionner. Le Poissons ne met aucune limite, tout est important et au même moment. Dilemme insurmontable pour son entourage !

✷ **Sa naïveté.** Le Poissons est désarmé face à la ruse ou à la malveillance. Influençable, il se laisse facilement rouler dans la farine. Quelques mots gentils, une posture tragique bien interprétée et le voilà piégé, il donne tout sans se méfier ou prend pour argent comptant le dernier avis lancé à la volée.

✷ **Son côté perché.** Original, décalé, le Poissons est parfois happé par l'appel de gourous peu recommandables. Ses garde-fous sont faibles, il est vite hors sol. Ce côté foutraque est charmant, mais ses amis doivent être vigilants et le ramener sur terre si nécessaire.

LES SIGNES BIENVENUS DANS SA TEAM

- **Le Cancer.** Ils composent la *team* la plus rêveuse et créative du zodiaque.
- **La Balance,** pour son élégance, son goût pour les belles choses, son tact et sa délicatesse humaine et relationnelle.
- **Le Scorpion.** L'attraction est immédiate, ils fusionnent avec passion. Sans aucun doute, le duo le plus sensuel du zodiaque.

LES SIGNES QUI LE DÉROUTENT

- **Le Lion.** L'un affirme haut et fort sa personnalité, l'autre n'en a que faire. La communication est difficile.
- **Le Capricorne.** Trop froid, distant, le Capricorne tétanise le Poissons. Mais quand la glace se brise, il devient très rassurant.
- **Le Verseau.** Ils partagent la même créativité et originalité mais sur des plans radicalement différents. Dommage, ils ne se calculent pas.

SON KIT LITHOTHÉRAPIE

- **Sa pierre de naissance :** l'améthyste, qui développe la spiritualité, l'intuition et la tempérance.
- **Pour booster ses qualités :** le saphir, qui favorise l'élévation spirituelle, connecte aux sphères célestes et booste l'intuition et les perceptions extrasensorielles.
- **Pour corriger ses défauts :** la tourmaline, qui nettoie les énergies toxiques, accompagne les phases de renouveau et d'ouverture.

Son portrait Witchy

Son plus grand pouvoir

La médiumnité. Ses antennes sont puissantes, ouvertes en quasi continu. Vision, message auditif, ressenti physique, perception subtile, le Poissons est inondé d'informations et d'images qu'il ne comprend pas toujours. Les natifs de ce signe sont parfois des médiums qui s'ignorent. Cette clairvoyance innée et accessible se transforme en routine. Pour ceux ou celles qui en ont conscience, veillez à la canaliser et à vous protéger si nécessaire.

Sa magie

Les oracles. L'image est l'un des supports préférés du Poissons. Elle lui laisse une liberté d'interprétation totale. Son imagination et son intuition se déclenchent instantanément pour offrir un message, une interprétation subtile et toujours très inspirée. Le monde des symboles et des archétypes lui est familier. Tarot traditionnel, oracles en tous genres, il est ouvert à toutes les versions et possibilités de tirage.

Sa déesse

Guan Yin. Il admire toutes les déesses du Pardon et de l'amour inconditionnel. Mais, il a un faible pour Guan Yin, une divinité chinoise dont l'histoire révèle les plus belles qualités du Poissons. La légende raconte que cette jeune mortelle abusée et tuée par son père quitta le monde des esprits pour revenir sur terre soulager la souffrance. Riche de son histoire douloureuse, elle enseigne aux hommes l'art du pardon et de la bienveillance.

Son animal totem

Le loup. Dans l'astrologie amérindienne, le loup est l'animal totem des personnes nées lors de la lune des Grands Vents, la dernière lune de l'hiver. Le Poissons incarne les dons de cet animal comme la compassion, la tendresse, l'imagination et l'altruisme. Sa médecine permet de développer l'instinct et l'intuition grâce à un puissant 6e sens.

Son truc pour se connecter à l'Univers

L'art. Avec ou sans technique, il se lance sans complexe, et ose créer et apporter sa touche personnelle comme sa sensibilité. Ceci étant dit, il y a des domaines où le Poissons fait preuve d'une immense capacité à se connecter à plus grand que lui pour produire des œuvres remarquables, notamment en poésie, en musique ou en photographie.

faites une faveur
à l'Univers, ne cachez
pas vos pouvoirs

L'oracle

Les cartes comme outil de guidance

Tirer les cartes fait partie des outils de prédilection de la sorcière. Contrairement au tarot de Marseille, plus difficile à appréhender pour un néophyte, les oracles se présentent comme des jeux de cartes aux symboles différents et aux tirages simples pour répondre à vos questionnements intérieurs...

Mode d'emploi

Dans quels cas interroger votre oracle ?

Cela peut se faire le matin, pour prendre le pouls de votre journée à venir. Vous pouvez aussi interroger les cartes lorsque vous avez un choix à faire dans votre vie professionnelle ou qu'une question personnelle vous travaille. Il faut garder en tête que la réponse est en vous, et que les cartes peuvent vous permettre d'y voir plus clair...

Comment ça marche ?

Un oracle se présente comme un jeu de cartes : celui qui accompagne ce livre est composé de divinités et de sorcières des temps anciens et modernes qui partagent leur philosophie et leurs enseignements.

Pour interroger l'oracle, il suffit de lui poser une question et de tirer les cartes. Celles-ci ne nécessitent pas de travailler leur sens une à une : la personnalité qu'elles révèlent, la phrase qu'elles délivrent activent votre inconscient, votre intuition, et vous permettent de trouver les réponses en vous.

Le tirage

Vous pouvez tirer les cartes de deux façons :

La coupe. Une fois vos cartes bien mélangées, coupez votre jeu en deux et rassemblez les paquets. Ensuite, tirez le nombre de cartes nécessaires situées sur le haut du paquet, les unes après les autres.

L'éventail. Étalez les cartes devant vous et choisissez celles qui vous attirent sans réfléchir.

Comment disposer les cartes...

✷ La question du jour
L'un des tirages les plus simples et directs. Tirez chaque matin, ou quand vous en ressentez le besoin, une carte pour visualiser l'énergie du jour ou le gain de la journée.

✷ Le tirage flash des 3 cartes
Tirez 3 cartes et disposez-les face à vous. L'emplacement de chaque carte a une signification. Plusieurs formulations sont possibles. Choisissez celle qui correspond le mieux à votre question :

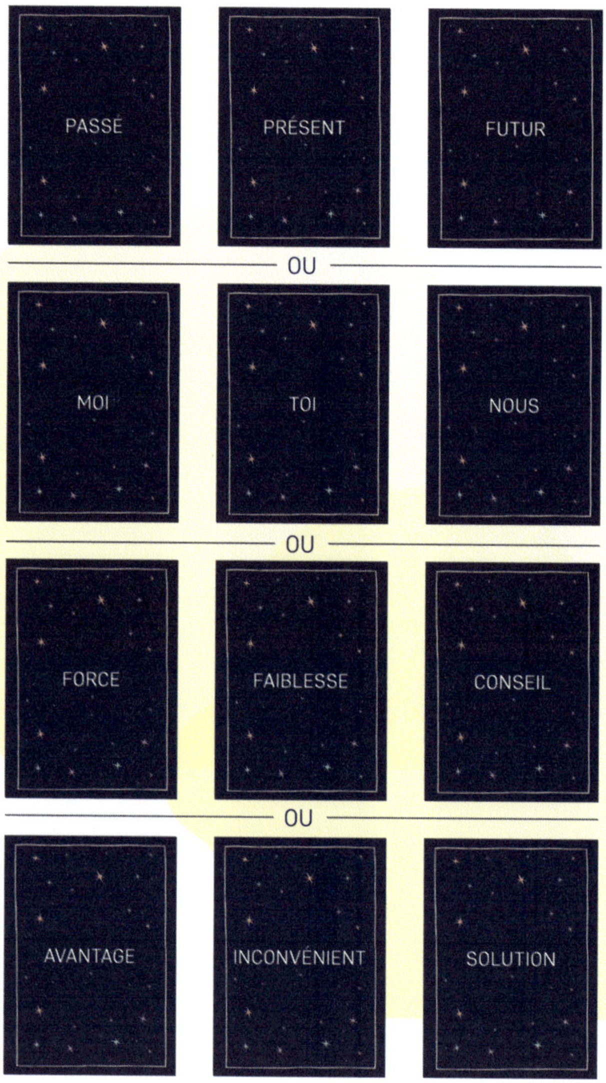

5 conseils pour bien formuler votre question

1

Impliquez-vous totalement dans la demande.

2

Choisissez bien vos mots.

3

Formulez une demande claire et réaliste qui appelle une vraie réponse.

4

Posez une question ouverte.

5

Formulez votre question au présent.

Avant d'effectuer votre tirage, mettez-vous dans de bonnes conditions : idéalement, installez-vous au calme, dans un espace où vous vous sentez bien. Cela peut-être devant votre autel (voir p.176).

Exemple de questions :

« Comment obtenir ce que je désire ? »,
« Est-ce que cette relation est bonne pour moi ? »,
« Comment vais-je affronter la journée qui m'attend ? »

L'oracle des Puissantes

Rendez-vous à la fin de ce grimoire pour découper votre jeu complet de l'oracle des Puissantes. Parmi elles, des figures divines et mythologiques, des femmes fortes qui ont marqué l'Histoire et des héroïnes modernes aux enseignements inspirants...

Les figures divines et mythologiques

Brigid

Triple déesse du feu, de la créativité et de la fertilité, Brigid est la grande figure féminine de la mythologie celtique. Son pouvoir comme son imaginaire sont intimement reliés à la nature, à ses créatures et à ses saisons. Elle est connectée à tous les grands cycles naturels. La spirale, son symbole, nous rappelle la roue infinie du vivant.

Circé

Fille d'Hélios, le dieu Soleil, et de l'Océanide Perséis, Circé est une déesse mais elle est beaucoup plus connue comme une magicienne, experte en métamorphoses. Les compagnons d'Ulysse tombent dans son piège, transformés en porcs. Le héros grec échappe à la magie de Circé mais pas à son charme ni à son amour.

Grand-mère Araignée

Présente dans de nombreuses traditions orales amérindiennes (navajo, hopi, cherokee, lakota), Grand-mère Araignée est un être surnaturel tantôt représenté sous la forme d'une araignée, tantôt sous celle d'une vieille femme. Elle tisse une toile symbole de connexion entre tous les êtres vivants sur cette terre. Fragile et puissante à la fois, elle maintient ce lien indéfectible.

Guan Yin

Différentes légendes autour de la Bodhisattva Guan Yin parcourent l'Asie. Mais toutes se retrouvent sur un point : son immense miséricorde et sa compassion. Tuée par son père parce qu'elle refusait de se marier, elle a quitté le monde des esprits pour revenir sur terre et porter secours à l'humanité en souffrance. Elle incarne une pure énergie de pardon.

Hippolyte

Reine des Amazones, ces guerrières intrépides et indépendantes, Hippolyte n'en reste pas moins une femme sensible au charme des hommes. Elle est l'héroïne malheureuse du neuvième des douze travaux d'Hercule, qui doit récupérer sa célèbre ceinture. Séduite par le héros, elle la lui offre. Une rumeur malveillante déclenche ensuite un combat au cours duquel elle perd la vie.

Isis

Déesse égyptienne de la magie, de la résurrection, de la vie et de la mort, Isis est la mère de toutes les déesses magiciennes. Sœur et épouse d'Osiris, elle se bat pour retrouver son époux assassiné par son frère Seth, lui redonne la vie et engendre un nouveau dieu, Horus. Elle incarne la force de vie du féminin.

Kali

Déesse de la destruction, de la création, de la violence, du pouvoir et du temps, Kali est une divinité hindoue aussi crainte que vénérée. Son aspect physique et ses attributions suscitent l'effroi car elle est chargée de détruire ce qui n'a plus lieu d'être.

Perséphone

Archétype de la jeune fille dans la mythologie grecque, Perséphone est enlevée par Hadès, le dieu du monde souterrain. Épouvantée par la disparition de sa fille, Déméter, la déesse des récoltes cesse de nourrir la Terre. Devant l'ampleur du désastre, Zeus autorise la jeune fille à revenir six mois de l'année dans le monde d'en haut. Elle symbolise les mystères de la vie.

Sarasvati

Déesse hindoue de la connaissance, de l'éloquence et des arts, Sarasvati incarne le *Vach* le verbe originel et créateur du monde. Assise sur une fleur de lotus accompagnée d'un cygne blanc ou d'un paon, une *vina* dans une main (instrument de musique indien), un livre dans l'autre, elle représente le savoir, la beauté et la sagesse.

Vierge Marie

On ne la présente plus, mais la figure de la Vierge Marie va bien au-delà du culte chrétien. Elle est l'héritière christianisée des déesses mères, incarnations divines de l'amour maternel, de la compassion, de la guérison et des miracles. Elle prend la suite d'une longue lignée de divinités dont la mission est d'accompagner l'humanité avec amour et bienveillance.

"La magie n'opère
que si l'on veut bien
consentir à se laisser
emporter par elle."

J. R. R. TOLKIEN

Femmes d'Histoire

Maya Angelou

Poétesse, écrivaine, actrice et militante afro-américaine. Figure importante du mouvement américain pour les droits civiques, elle a influencé nombre de personnalités noires, notamment Oprah Winfrey qui fait souvent référence à elle. Elle publie 7 autobiographies dont la dernière, sortie en 2013, *Mom & Me & Mom*, raconte sa relation avec sa mère (contrairement aux six autres qui évoquent chacune une période de sa vie). Elle meurt en 2014 des suites d'une longue maladie, à 86 ans.

Jeanne d'Arc

Née en 1412 en Lorraine, Jeanne d'Arc est issue d'une famille de paysans assez aisée. À 12 ans, elle confie avoir entendu des voix lui demandant de ramener le Dauphin sur le trône et de libérer la France des Anglais. Elle résiste pendant quatre ans avant de partir à Chinon pour rencontrer le futur Charles VII qui lui confie une armée. Surnommée la Pucelle, elle permet à Charles VII d'accéder au trône. Elle est faite prisonnière après avoir tenté de libérer Paris puis brûlée vive pour hérésie en 1431. Elle est réhabilitée 25 ans plus tard et canonisée en 1920 par Benoît XV.

Joséphine Baker

Arrivée de son Missouri natal rongé par les plaies non cicatrisées de l'esclavage, cette danseuse et chanteuse afro-américaine découvre la liberté et la gloire dans le Paris des années folles. *A star is born !* En 1937, elle obtient la nationalité française et s'engage dans la Résistance lors de la Seconde Guerre mondiale. Toute sa vie est un combat !

Hildegarde de Bingen

Elle coche toutes les cases de la femme d'exception. Cette bénédictine allemande multiplie les casquettes d'ordinaire réservées aux hommes. Musicienne, médecin, guérisseuse et naturaliste, elle est l'auteure de 3 ouvrages majeurs à son époque en science, en philosophie et en médecine. Elle continue d'inspirer notre temps avec sa musique et ses connaissances en herboristerie.

Cléopâtre

Pop star du monde antique, Cléopâtre n'a pas attendu les grandes productions hollywoodiennes pour connaître la célébrité. De son vivant, elle était déjà une icône. Maîtresse du grand César, amoureuse de Marc-Antoine, elle chute avec son amant mais s'offre une sortie royale et courageuse. La mise en scène de son suicide l'a fait définitivement entrer dans la légende.

Lady Di

Diana Spencer, dite « Lady Diana », est une aristocrate britannique, épouse du prince Charles et mère des deux princes héritiers d'Angleterre. Personnalité hors norme et complexe, adorée des Britanniques pour son indépendance et sa proximité avec le peuple qui rompt avec les traditions royales, elle subit un harcèlement médiatique tel qu'elle trouve la mort dans un accident de voiture à Paris en 1997. Une fin controversée qui contribue à perpétuer sa légende.

Olympe de Gouges

Elle est considérée comme l'une des premières féministes françaises ! Rapidement veuve et mère d'un petit garçon, elle écrit à Paris ses premiers textes contre l'esclavage et la peine de mort. Son œuvre la plus célèbre est sa *Déclaration des droits de la femme et de la citoyenne*, rédigée en 1791 en écho à la *Déclaration des droits de l'homme et du citoyen* de 1789. Elle y défend l'égalité des sexes et l'émancipation féminine nécessaires à un nouveau projet de démocratie.

Gisèle Halimi

Gisèle Halimi est une avocate et militante féministe franco-tunisienne. Issue d'une famille tunisienne pauvre, juive et dominée par l'ordre patriarcal, Gisèle s'affranchit très tôt pour rejoindre Paris et étudier le droit. Elle se distingue pour son engagement pour la cause des femmes : elle est la seule avocate à signer le *Manifeste des 343*, remporte le procès de Bobigny en 1972, où elle défendait Marie Chevalier qui avait avorté après avoir été violée et n'a eu de cesse de mener une lutte émancipatrice.

Rosa Parks

Le 1er décembre 1955 à Montgomery Alabama, Rosa Parks refuse de céder sa place dans le bus à un blanc. *Basta !* Arrêtée par la police, elle écope d'une amende de 15 dollars. Elle fait appel et reçoit le soutien d'un jeune pasteur noir de 26 ans, Martin Luther King. La communauté noire boycotte la compagnie de bus qui cède et supprime la ségrégation dans ses véhicules. Le mouvement pour les Droits civiques est lancé.

Charlotte Perriand

Charlotte Perriand est née en 1903 à Paris. Diplômée en 1925 des Arts décoratifs, elle intègre, en tant qu'associée en charge du mobilier et de l'équipement, l'agence de Pierre Jeanneret et Le Corbusier : une grande victoire dans ce milieu dominé par la gent masculine. Si les deux hommes s'approprient régulièrement son travail, elle n'en demeure pas moins l'une des figures les plus importantes du design et de l'architecture moderne, prônant une création moderniste et fonctionnaliste.

Niki de Saint Phalle

Plasticienne, peintre et sculptrice, elle se fait connaître du grand public en 1961 grâce aux *Tirs*, installation qui matérialise un traumatisme d'enfance – un père incestueux – et lui permet d'extérioriser ses démons intérieurs. Elle explore la représentation artistique du rôle de la femme et donne vie à ses *Nanas*, des femmes grandeur nature, plantureuses et colorées, en papier mâché. Niki meurt en 2002 des suites d'une maladie respiratoire liée aux vapeurs toxiques inhalées durant la préparation de ses œuvres.

Simone Veil

Sa vie démarre tel un cauchemar et se termine au Panthéon. Déportée à 16 ans à Auschwitz, elle survit à l'enfer avant de devenir magistrate, haut-fonctionnaire, puis ministre. Le 17 janvier 1975, elle défend la loi en faveur de l'IVG en France, sous les quolibets sexistes et réactionnaires. Icône du féminisme à la française, elle poursuit les « premières » en devenant la première femme présidente du Parlement européen. Respect !

Virginia Woolf

Virginia Woolf est devenue l'une des plus grandes écrivaines du XXe siècle en s'affranchissant des codes du roman et en dénonçant les inégalités auxquelles les femmes doivent faire face. Férue de livres, elle met en avant la lecture pour élever l'esprit et inventer le monde de demain.

Femmes contemporaines

Jacinda Ardern

Première ministre de la Nouvelle-Zélande depuis 2017, elle est devenue l'une des personnalités politiques les plus influentes au monde grâce à sa fermeté et à ses qualités d'empathie qui ont fait leurs preuves dans la gestion des crises successives auxquelles elle a dû faire face (attentats de Christchurch, éruption du White Island, pandémie de Covid-19). Elle a fait le choix de la diversité dans son gouvernement, en nommant une femme maorie ministre des Affaires étrangères.

Beyoncé

Chanteuse de R&B et de soul, compositrice, productrice et actrice américaine, Beyoncé est devenue célèbre grâce au groupe Destiny's Child, qui a vendu le plus d'albums au monde, et brille aujourd'hui en solo. Elle a marqué toute une génération avec ses morceaux cultes, dont « Who Run the World ? (Girls) », qui témoignent de sa vibe féministe, tout en affichant une vie de super maman avec ses 3 enfants. Ce n'est pas pour rien qu'on l'appelle *Queen B*.

Rupi Kaur

Née en Inde, Rupi Kaur émigre au Canada avec sa famille à l'âge de 4 ans. Elle commence sa carrière de poétesse sur Instagram et Tumblr où elle partage ses textes écrits en minuscules, sans ponctuation hormis le point, en hommage à sa culture d'origine. Ses sujets de prédilection ? L'émancipation féminine et l'amour, sa puissance et sa violence.

Chimamanda Ngozi Adichie

Écrivaine nigériane et militante féministe, Chimamanda s'installe aux États-Unis à 19 ans. Son premier roman *L'Hibiscus pourpre* est loué par la critique, et proclamé Meilleur Premier Livre du *Commonwealth Writers' Prize* en 2005. Elle intervient sur le titre *Flawless* de Beyoncé, dans lequel on entend une partie de son discours *We should all be feminists* (« Nous devrions tous être des féministes »), prononcé lors d'une conférence TEDx en 2012.

Michelle Obama

Issue de la classe moyenne afro-américaine du Michigan, Michelle Robinson-Obama renverse une première fois la table en menant des études prestigieuses à Princeton, puis à Harvard. Avocate dans un cabinet renommé, elle rencontre son futur mari, le jeune Barack Obama. Ensemble, ils entrent dans l'histoire le 4 novembre 2008. Michelle est la première *First Lady* afro-américaine. Engagée et médiatique, elle met sa notoriété au service de nombreuses causes, dont l'*empowerment* des femmes.

Alexandria Ocasio-Cortez

Née en 1989, AOC intègre l'université de Boston, où elle s'oriente vers l'économie. Son diplôme en poche, elle travaille quatre ans comme serveuse dans un bar pour aider sa mère financièrement. Lorsque Donald Trump entre à la Maison Blanche, elle s'engage pour de bon en politique. En 2018, elle est élue au Congrès. Elle n'hésite pas à partager ses colères *via* des vidéos virales où elle dénonce le sexisme culturel aux États-Unis.

Vandana Shiva

Titulaire d'un master en physique des particules et d'un doctorat sur les fondations de la physique quantique, Vandana Shiva choisit l'engagement politique. Cheffe de file des écologistes de terrain et des altermondialistes, elle défend l'agriculture paysanne traditionnelle et bio. Elle fait partie des premières femmes écoféministes à mettre en lumière les liens indissociables entre domination des femmes et de la nature, entre capitalisme écocide et patriarcat.
Elle a reçu en 1993 le Prix Nobel alternatif.

Greta Thunberg

Greta Thunberg est née en 2003 en Suède, à Stockholm. Militante écologiste, elle soulève la jeunesse européenne et appelle en 2018 à une grève mondiale pour le climat. Certains de ses discours sont devenus célèbres : « Vous avez volé mes rêves et mon enfance avec vos paroles creuses. [...] » Inspiratrice d'un mouvement écologiste dans le monde, elle refuse de se résigner et lutte contre l'urgence climatique.

Malala Yousafzai

Née au Pakistan, Malala lance son blog à 11 ans pour dénoncer les destructions d'écoles pour filles. Cinq ans et une tentative d'assassinat plus tard, cette miraculée devient la plus jeune lauréate du prix Nobel de la Paix, qu'elle remporte en 2014 à l'âge de 16 ans. Ah ! et son prénom signifie « Courage ». Destin, quand tu nous tiens.

“ LA MAGIE,
c'est de croire en
vous-même.
Si vous pouvez
faire cela,
vous pouvez
faire n'importe quoi. ”

GOETHE

La femme cachée de la lune

Les cycles lunaires

Depuis la nuit des temps, le premier satellite de la Terre est étroitement lié à la féminité. Entre mythes fondateurs et croyances populaires, la Lune conserve toujours une part de mystère qu'on a volontiers associée aux sorcières. Aujourd'hui, alors que la femme cherche plus que jamais à se définir et à trouver sa juste place dans la société, la lune peut se révéler une précieuse alliée, que ce soit sur le plan physiologique, psychologique ou encore politique !

La dualité des origines

La Lune a toujours été logiquement pensée par nos ancêtres dans un rapport de complémentarité et d'opposition avec le Soleil, pôle masculin et fixe. Dans toutes les grandes civilisations, la lune représente le pôle féminin, dont la brillance illumine l'obscurité nocturne, et dont les changements permettent de mesurer le temps. Son étymologie en témoigne, puisque *luna*, signifie « brillance », tandis que *mensis*, l'autre nom de la lune en indo-européen, renvoie à la notion de « mois » que l'on retrouve dans l'anglais *moon*.

Fertilité et puissance

Chandra chez les Indiens, Kathou en Égypte, Mama Quilla chez les Incas ou Artémis chez les Grecs... Les déesses lunaires sont aussi celles de la féminité et de la fertilité dans un système vie-mort-vie qui relie le cycle de la Terre, avec ses végétaux qui poussent, fleurissent puis meurent, ses marées qui montent puis descendent... et celui des femmes dont la durée du cycle menstruel (plus ou moins 28 jours) suit celui de la lune (plus ou moins 29 jours).

Tout comme les agriculteurs ont appris à se fier aux phases de la lune pour cultiver leurs champs, les femmes ont pu observer que les différentes phases de leur cycle correspondaient à des moments distincts de féminité incarnés par les phases de la lune. On les retrouve par exemple chez les Grecs avec trois représentations lunaires féminines différentes : Artémis pour le croissant, Séléné pour la pleine lune, et Hécate pour la nouvelle lune.

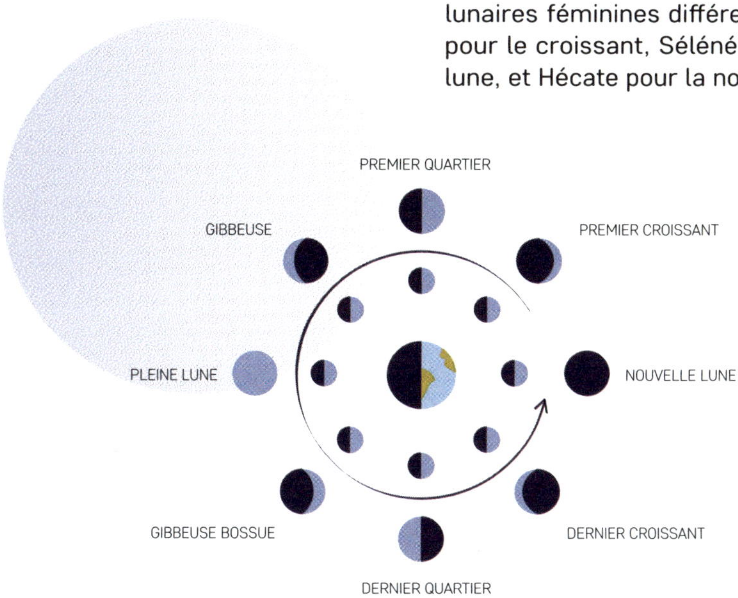

Une vieille histoire de lunes

Le terme « avoir ses lunes » pour « avoir ses règles » nous vient des Amérindiens, chez qui les femmes avaient développé une riche culture autour de notre amie argentée. Elle était fondée sur l'observation de la synchronisation des cycles d'un groupe de femmes d'une même tribu qui correspondaient aux phases lunaires : toutes avaient leurs règles au moment de la nouvelle lune et ovulaient à la pleine lune, ou l'inverse. Cette culture associait également chaque cycle menstruel ou lunaire à celui des saisons, et préconisait des rituels adaptés à chacun.

Aujourd'hui, notre vie enfermée (voire confinée) passée devant des sources de lumière artificielle (électricité, écrans) couplée à certains traitements hormonaux comme la pilule, tendent à nous déconnecter de cette harmonie naturelle qui existe entre nous et les phases lunaires. Pourtant, si on prenait à la fois le temps de la regarder et de nous observer, on pourrait être bien aidées... La sorcière moderne pionnière de ces observations est l'anglaise Miranda Gray, qui a établi dans son best-seller intitulé *Lune Rouge*, le lien puissant entre le cycle féminin et le cycle lunaire. Elle y explique comment les femmes, en réapprenant à s'appuyer sur la lune, peuvent mettre à profit ses phases afin d'optimiser leurs énergies et de vivre pleinement leur féminité.

« Tu es femme. Tu es forte parce que tu n'es pas constante, parce que le rythme du changement est le rythme de l'univers. »

Miranda Gray, in *Lune Rouge, les forces du cycle féminin.*

Son rapport à la lune

ODILE CHABRILLAC – Autrice, naturopathe, thérapeute et activiste

« Lorsque la lune est pleine, gironde dans le ciel, je la vis comme un moment de joie, mais aussi de choix : vers quoi ai-je envie d'orienter mon pouvoir ? Qu'ai-je envie d'obtenir ? Qu'ai-je envie de célébrer ? Une attention douce aux mouvements de l'astre, mais aussi à ceux de la nature qui nous entoure, nous aide à développer également la clairsentience (littéralement la sensation claire), c'est-à-dire la connaissance par le corps, par le ressenti. Cette perception plus grande de ce qui est extérieur à nous aide à calmer nos ruminations, à mieux ressentir la vie. Sans commentaire ni jugement. » (Odile Chabrillac, *Âme de sorcière ou la magie du féminin*.)

Ses rituels de pleine lune

✷ L'eau de lune
« Tout le monde peut en faire : il suffit de mettre dehors de l'eau purifiée la nuit de la pleine lune. Un rebord de fenêtre est parfait ! Ce liquide sert à nettoyer son autel ou à se purifier. On peut aussi le boire si l'on veut amplifier une demande... »

✷ L'esbat
« Les esbats sont les célébrations que font les sorcières lors de la pleine lune : comme la lune est pleine environ 13 fois dans l'année, on compte 13 esbats. Ces célébrations mystérieuses marquent un point culminant pour l'utilisation des pouvoirs magiques des sorcières. Selon elles, quand on veut entreprendre une tâche importante et difficile, il est préférable de s'aider de la puissance lunaire. »

✷ Créez votre esbat
« À l'extérieur, une nuit de pleine lune, faites un rituel de célébration : de la danse, des chants, des agapes avec des ami(e)s..., puis écrivez une demande sur votre corps (cela peut être avec un crayon à maquillage) et dormez ensuite nue (dans une tente ou une cabane, mais dans tous les cas dans un habitat léger où l'énergie de la lune n'est pas entravée). »

Calendrier lunaire et menstruel

Dans cet esprit, voici un petit calendrier lunaire pour associer les différentes phases de la lune à celles de notre cycle menstruel, à compléter par des petits rituels simples et des pierres symboliques qui peuvent nous aider à mieux ressentir chaque phase, pour mieux nous retrouver.

DU 1ER AU 6E JOUR DES RÈGLES

MENSTRUATIONS NOUVELLE LUNE HIVER

Symbole : la Sorcière.

Élément : Terre.

Mots-clés : introspection, silence, repos.

Manifestations : la concentration diminue, la fatigue se fait plus importante et accroît le besoin de sommeil ; hypersensibilité physique et émotionnelle.

Check libido : amour intense, presque spirituel. C'est le moment de tenter les pratiques tantriques !

Entre moi et moi : je prends soin de mon corps, je ralentis le rythme, je me reconnecte à mon intuition profonde.

Rituels bienveillants : massages doux, bain – libération émotionnelle avec le yoga, la méditation ou l'écriture.

Pierres associées : grenat (énergie vitale), pierre de lune (atténuer les maux liés aux menstruations et élever son intuition), obsidienne (introspection).

DU 7E AU 13E JOUR

PHASE PRÉ-OVULATOIRE LUNE CROISSANTE PRINTEMPS

Symbole : la Vierge.

Élément : Air.

Mots-clés : dynamisme, engagement, action.

Manifestations : le corps retrouve son énergie et le mental, ses capacités de concentration ainsi que des envies de socialisation – je suis prête à tout déchirer !

Check libido : seule ou à deux je m'amuse, je flirte, j'explore avec légèreté et facilité.

Entre moi et moi : j'avance sur mes projets en profitant de ma concentration et de ma motivation ; les activités physiques intenses et cardio peuvent être privilégiées : jogging, cycling, boxe.

Rituels bienveillants : un drainage lymphatique pour booster la circulation, une *to-do list* pour me fixer des objectifs et les atteindre durant cette période. Côté beauté, c'est le moment de passer chez le coiffeur si je souhaite que mes cheveux repoussent rapidement.

Pierres associées : jaspe rouge (pour soutenir le passage à l'action), pierre de soleil ou citrine (joie, sociabilité), chrysoprase (nouveaux projets), œil-de-tigre (rééquilibre yin et yang dans cette phase yang très dynamique).

DU 14^{E} AU 20^{E} JOUR

PHASE OVULATOIRE
PLEINE LUNE ÉTÉ

Symbole : la Mère.

Élément : Eau.

Mots-clés : don de soi, partage, rayonnement.

Manifestations : fonctionnement optimal des organes, humeur excellente, belle énergie tournée vers l'extérieur et les autres et non plus dans un dynamisme individuel.

Check libido : au zénith ! Fortes pulsions sexuelles et amour profond pour le ou la partenaire.

Entre moi et moi : je fais entendre ma voix tout en étant à l'écoute des autres. Forte de mon rayonnement, je le partage à l'extérieur en sortant ou en le communiquant de toutes les façons et je donne une nouvelle impulsion aux projets en perte de vitesse.

Rituels bienveillants : un apéro entre copines car la pleine lune est un moment d'échange privilégié entre femmes, suivi d'une mini-détox ou d'un jeûne intermittent pour optimiser le fonctionnement du foie et des reins, balade en forêt ou baignade dans la mer (nue, encore mieux !) pour me reconnecter à la Terre.

Pierres associées : quartz rose (douceur, affection), labradorite (accueil de l'autre, protection), agate mousse (connexion à la Terre), cornaline (créativité, maternité).

DU 21^{E} AU 28^{E} JOUR

PHASE PRÉMENSTRUELLE
LUNE DÉCROISSANTE AUTOMNE

Symbole : l'Enchanteresse.

Élément : Feu.

Mots-clés : passion, réflexion, révélation.

Manifestations : perte d'énergie, de sommeil, de mémoire ; agitation, tristesse et ou morosité souvent associées au syndrome prémenstruel, mais aussi intuition et impulsions décuplées.

Check libido : intense,exigeante voire audacieuse, c'est la phase la plus érotique du cycle.

Entre moi et moi : je prévois des lectures et des moments consacrés au développement personnel pour explorer mes désirs, mes besoins, mes peurs, qui vont se faire sentir plus intensément durant cette période ; je vais au fond des problèmes et je les résous ; je laisse parler mes rêves et ma créativité.

Rituels bienveillants : consultation astrologique ou oracle, journal des rêves, peinture. Je peux aussi prévoir une coupe de cheveux courte ou une épilation car dans cette phase, les repousses sont plus lentes.

Pierres associées : améthyste (connexion au spirituel), chrysocolle ou lépidolite (pour calmer le mental), rhodochrosite (exprimer calmement ses émotions), quartz fumé (ancrage pour le mental agité).

ATTENTION

Nous prenons comme base un cycle de 28 jours, même si peu de femmes ont un cycle qui concorde exactement avec cette durée. Il s'agit pour chacune de commencer au premier jour des règles et, en fonction des correspondances, d'établir ses différentes phases personnelles. À vos calendriers !

L'importance du signe lunaire

Les fluctuations de la lune ont également une importance capitale en astrologie, comme le souligne l'astrologue Sandrine Verrycken : « Contrairement au soleil qui change de signe tous les mois, la lune en change quant à elle tous les deux jours et demi ! Cela peut influer considérablement sur nos humeurs du moment, dans le bon ou le mauvais sens, selon la configuration de la lune par rapport à nos planètes. On parle de personnes d'un caractère "soupe au lait", en fait elles sont surtout "lunaires" : leur configuration planétaire les rend particulièrement sensibles aux changements de la lune. Cela peut évoluer avec le temps, car nos planètes sont aussi amenées à se déplacer, mais c'est une explication. »

Par ailleurs, le signe lunaire, souvent présenté comme mineur par les horoscopes, est en fait beaucoup plus adapté à notre quotidien. Toujours selon Sandrine Verrycken : « Notre signe lunaire est intimement lié à notre sensibilité, à notre monde émotionnel, à notre subjectivité mais aussi à notre toute petite enfance. Il représente un puissant outil pour comprendre nos réactions dans la vie de tous les jours, tandis que le signe solaire donne les grandes lignes de notre personnalité et nous invite à rayonner de ses qualités. » Deux approches différentes dont aucune ne doit être négligée.

« Notre signe lunaire
est intimement lié à notre sensibilité,
à notre monde émotionnel,
à notre subjectivité. »

Quand la lune devient politique

On se rend compte justement qu'en astrologie comme ailleurs, l'approche « lunaire » et donc « féminine » ou « yin », à la fois mouvante, ouverte sur les autres et bienveillante, a souvent été mise de côté au profit d'une approche plus masculine et « yang », droite, dynamique, fixe et individualiste. On est d'un seul signe astrologique, on fait tel job, on se considère comme tel type de femme et-ou de mère...

Adopter une perspective lunaire sur le monde invite à évaluer autrement son environnement ; à prendre une posture tantôt d'observatrice, tantôt d'actrice selon notre propre cycle. À ne pas se définir fixement et *ad vitam* dans une case ou dans une autre. Accepter la lenteur, le changement, la préciosité de l'instant présent, plutôt que de vouloir toujours regarder en avant. Prendre conscience de notre caractère éphémère dans le grand cycle de la Terre, ici, la Lune invite à écouter et à respecter pour en ressortir à la fois humble et fortifiée. Tout un programme qu'on retrouve dans les idées de nombreuses sorcières contemporaines et engagées, notamment à travers l'écoféminisme d'une Starhawk ou la réflexion sur le corps féminin et sa beauté perçue-vécue de Mona Chollet. Ou encore, dans les projets d'une Fatoumata Kébé, jeune astrophysicienne qui se prépare à aller sur la Lune après lui avoir consacré un livre aussi riche que facile d'accès (*La Lune est un roman*).

Mais savoir changer de point de vue ne veut pas dire négliger sa dualité. Tout comme l'homme doit aujourd'hui apprendre à développer sa partie lunaire et féminine, la femme doit conserver un équilibre entre sa partie solaire et masculine qu'on l'a longtemps forcée à aller chercher, et sa partie lunaire qui ne demande qu'à se révéler. Ce n'est que dans l'acceptation de ses complémentarités que l'humanité pourra tendre vers l'harmonie d'une belle journée, où le soleil et la lune alternent dans une sublime simplicité.

Son rapport à la lune

SANDRINE VERRYCKEN, astrologue

« La nouvelle lune et la pleine lune sont des moments de ponctuation, de respiration, comme suspendus dans le temps. Se mettre en réceptivité dans ces phases lunaires permet de s'aligner avec l'énergie de la saison zodiacale traversée, de mieux l'intégrer. La lune nous invite à prendre conscience de notre cyclicité et à nous reconnecter avec humanité et humilité à la Terre et au vivant, à respecter la vie. »

Ses rituels lunaires

✷ Rituel de la nouvelle lune

« Paradoxalement, je dirais que le meilleur des rituels à la nouvelle lune, c'est de ne pas en faire ! La nouvelle lune est le moment idéal pour s'isoler et s'accorder un voyage éveillé, avec une méditation guidée par exemple, ou grâce à un *moodboard* d'éléments découpés qu'on affiche devant soi. On visualise, on rêve, on imagine, mais on ne formule ou on n'écrit pas encore d'intention, car la nouvelle lune est un moment de pure subjectivité, complètement yin. On attend le retour d'un peu d'énergie objective yang, d'Artémis et de son croissant de lune deux jours et demi plus tard pour écrire ce dont on a rêvé durant cette phase. »

✷ Rituel de la pleine lune

« La pleine lune est un moment de célébration, de gratitude, de remerciement. La lune est ici la mère bienveillante qui nous enveloppe de sa matrice protectrice à l'abri de laquelle nous pouvons formuler nos souhaits les plus chers. On peut choisir d'accompagner ce souhait venant du cœur d'une intention de justice propre à la lune en le concluant ainsi : "Je te demande ce qu'il y a de plus juste, même si c'est contraire à mes attentes." Dans la phase suivante de lune décroissante, les résultats se révèlent souvent probants... et parfois décapants ! »

Soigner son esprit

Chanter le son des chakras

Par Josée-Anne Sarazin-Côté

« Prendre soin de son corps aujourd'hui peut passer par le chant. Nous vivons dans une société qui empêche l'expression libre et spontanée de nos émotions. Il faut se reconnecter avec des pratiques qui libèrent ce qui a été emprisonné. La voix est un outil puissant car sa vibration libère. »

Les bénéfices pour le corps

Chanter aide à libérer énormément d'émotions et donc l'énergie qui stagnait (ne soyez pas surprise si vous éclatez en sanglots). Ce rituel aide le *flow* d'énergie à circuler de façon plus fluide. Il libère des tensions, aide à guérir des blessures émotionnelles et des traumas. Il clarifie les idées, détruit les peurs et aide à se reconnecter à son intuition et au divin. Cela aide sur toutes les thématiques des chakras, puisqu'on travaille sur chacun d'eux.

Dans quels cas le pratiquer ?

Si on sent une baisse d'énergie ou un blocage relié à l'un des chakras.

✹ **Par exemple (très simplifié) :**

1. Enracinement, sécurité.
2. Sexualité, créativité, blessures.
3. Pouvoir personnel, confiance en soi, appétit de vivre, fougue et passion.
4. Amour, amour-propre, pardon.
5. Communication, peur de prendre la parole, peur d'être entendue.
6. Connexion à son intuition, à son âme, à sa magie.
7. Connexion au divin, à plus grand que soi, à l'humanité.

✹ **Ou simplement,** quand on a envie de prendre un moment pour soi, c'est un beau rituel qui nous aidera spontanément à nous réaligner, à nous connecter à nous-mêmes et à rééquilibrer ce qui a besoin de l'être.

OU

AIL

OOOO

Déroulé du rituel

✷ **Assurez-vous d'être au calme,** dans une pièce où vous pouvez faire le bruit que vous souhaitez, et surtout où vous êtes sûre de ne pas être dérangée pendant le rituel.

✷ **Asseyez-vous confortablement,** prenez le temps de respirer pour vous calmer et vous recentrer. Vous pouvez, si vous le souhaitez, « ritualiser » ce moment en purifiant l'espace (avec de l'encens), en utilisant une huile essentielle, en vous entourant d'objets qui vous sont sacrés, etc. En revanche, pas de musique !

✷ **Commencez doucement** à prononcer les sons, en commençant par le premier chakra, pendant quelques minutes (au moins 10 respirations avec le son en expiration), puis en continu pour chaque chakra. Il faut passer par-dessus l'inconfort que cela générera probablement au début.

1 Le son **EUH,** son très bas, quasi guttural. Je conseille de déposer les mains au sol.

2 Le son **OU,** son encore très grave, mais moins que le premier. Mains sur l'utérus.

3 Le son **OOOO** (comme dans crOc), un peu plus aigu, mains au-dessus du nombril.

4 Le son **AAAA,** plus aigu, mains sur le cœur.

5 Le son **AIL,** plus aigu, mains sur la gorge (sans mettre de pression).

6 Le son **ÉÉÉÉ,** plus aigu, mains sur le 3e œil (entre les sourcils).

7 Le son **IIIIIIII,** plus aigu, mains qui flottent au-dessus de la tête.

Pour finir, prenez un temps de totale liberté : une dizaine de minutes à laisser votre corps produire les sons dont il a le plus besoin. Ce sera peut-être un mélange de tout, ou le même son, sur le même ton pendant 10 minutes. Il n'y a pas de règle, tout est bien. Il faut simplement se donner la permission de s'écouter, sans jugement.

Pardonner et tourner la page

Par Vanessa Krstic

Le pardon fait partie de la vie de chacune d'entre nous. Il en existe de plus difficiles à accorder que d'autres, et l'on n'est pas toujours encline à le faire. Il s'agit d'un cheminement personnel, il faut attendre le bon moment : celui où l'on se sent prête. Pardonner ne signifie pas oublier ce qui s'est passé ou justifier les actes qui nous ont blessées.
Le pardon est une libération qu'on s'offre à soi-même, un pas immense vers la paix intérieure. On pardonne pour soi.

ST UNE CHANCE

MATÉRIEL :
- 1 bougie blanche
- 1 feuille blanche
- 1 crayon
- 1 enveloppe
- 1 allumette
- 1 récipient non inflammable

Déroulé du rituel

1 Allumez une bougie blanche.

2 Prenez un temps pour vous reconnecter (à vous-même, à l'Univers), en vous concentrant sur votre respiration et sur le chakra du cœur : « Je le visualise telle une boule de lumière magnifique. »

3 Quand vous vous sentez alignée, sereine, dans un sentiment d'amour, écrivez une lettre à la personne à qui vous souhaitez pardonner et avec qui vous voulez tourner la page : « J'exprime tout ce que je ressens, de la colère à la tristesse en passant par la nostalgie ou même la joie, en repensant à des instants heureux avec elle. »

4 Enfermez cette lettre dans une enveloppe.

5 Gardez-la jusqu'à la prochaine nouvelle lune et ce soir-là, brûlez-la dans votre jardin, dans une marmite, ou dans un récipient non inflammable.

Je visualise
le chakra du cœur
telle une boule
de lumière
MAGNIFIQUE

GARDEZ TOUJOURS VIVANTE
CETTE PETITE PLACE EN VOUS
OÙ LA MAGIE GRANDIT

Se donner CONFIANCE en soi

L'animal totem

PAR KATIA BOUGCHICHE

« Il faut voir la confiance comme un muscle. Un rituel en lui-même ne suffit pas pour se donner confiance, ce sont plutôt les passages à l'acte qui en découlent ! Je suggère pour cela de contacter son animal totem pour s'appuyer sur ses ressources et passer à l'acte. Gagner confiance ne se fait pas en quelques rituels, c'est un chemin sur lequel votre animal totem peut vous accompagner et vous guider. »

Qu'est-ce qu'un animal totem ?

« Un animal qui habite nos muscles et nos os », dont la symbolique correspond à notre propre nature, à nos désirs, à notre dimension animale. On ne choisit pas son animal totem, c'est lui qui nous choisit. On l'appelle aussi « animal de pouvoir ». Pour les chamans, rencontrer son animal totem est une médecine puissante : vous prenez confiance en votre instinct, vous êtes plus assurée et ferme dans vos choix.

Le rituel

Il existe plusieurs façons de découvrir et de rencontrer son animal totem. Le plus important est d'être déterminée car nous avons cette capacité de lui demander de se révéler à nous. Nous pouvons lui demander de nous habiter encore plus selon les expériences que nous traversons.

Le découvrir par l'enfance : quand vous étiez enfant, quel était votre animal préféré ? Celui que vous aimiez dessiner spontanément ?

Le découvrir en balade : lors d'une balade en pleine nature, quel animal rencontrez-vous souvent ou vous fascine tout particulièrement ?

Le découvrir par le rêve : le soir, avant de vous coucher, fermez les yeux. Laissez vos pensées défiler puis exprimez le souhait de rencontrer votre animal totem en rêve.

Quelques totems...

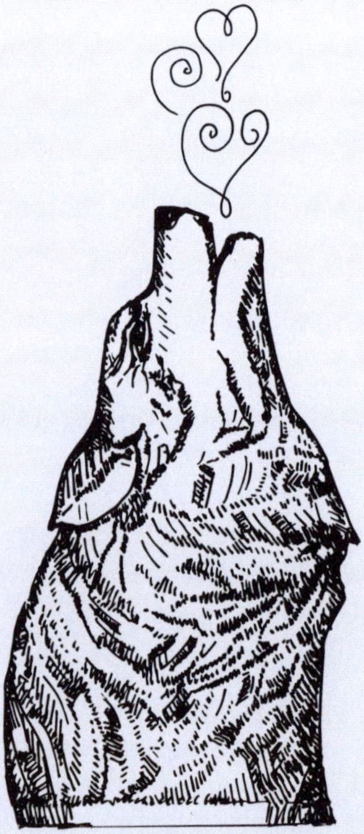

Le totem du Loup

Ses dons : la compassion, la tendresse, la créativité, la loyauté, le goût de la rêverie, l'altruisme, l'imagination.

Ses mises en garde contre : l'indécision, la paresse, le manque de volonté, le goût de la fuite, le manque de responsabilité.

Le totem du Hibou

Ses dons : le sens de la justice, la droiture, la sagesse, l'optimisme, l'épicurisme, le goût pour la liberté et l'indépendance.

Ses mises en garde contre : l'intolérance, la fierté, la négligence, l'instabilité, le manque de tact.

Le totem de la Loutre

Ses dons : la créativité, la gaieté, l'humour, la curiosité, l'honnêteté, l'inventivité, l'humanisme.

Ses mises en garde contre : un côté rebelle et transgressif pas toujours utilisé à bon escient, l'excentricité, l'imprévisibilité, l'intransigeance.

Le totem de l'Ours

Ses dons : l'ardeur au travail, l'efficacité, la droiture, le goût de la précision, la discrétion, la modestie, l'analyse.

Ses mises en garde contre : le sens critique systématique, le perfectionnisme, l'anxiété, le repli sur soi, le mutisme.

La prière du soir et du matin

Par Amandine Arcs

La prière peut se définir comme une communication ou une ouverture au sacré, à la transcendance. Elle peut se pratiquer en dehors de toute religion ou culte, elle est une démarche intérieure à chacun. Il n'y a pas de règle ou de code pour se lancer dans la prière, il suffit de laisser parler son cœur, d'écouter ses émotions. Pour vous aider, voici deux prières guidées : l'une du matin et l'autre du soir, tournées vers soi et vers les autres. « Répandez par la pensée et la parole un courant d'amour et de paix sur toutes les formes de vie qui peuplent la Terre. Puissent ces mots arriver auprès de tous ceux qui en auront besoin. »

Déroulé du rituel

1 Installez-vous confortablement dans un endroit calme où vous vous sentez bien.

2 Faites silence à l'intérieur de vous en respirant profondément.

3 Quand vous vous sentez apaisée et que les cogitations cessent, mettez la main sur votre cœur et prononcez l'une de ces prières, à haute voix ou en silence, selon votre ressenti.

« Il vaut mieux mettre son cœur dans la prière sans trouver de paroles que trouver des mots sans y mettre son cœur. »

GANDHI

Le mot du matin

Comme le soleil se lève le matin,
puisse le soleil se lever dans nos cœurs.

Puisse la pluie purifier nos corps des toxines accumulées.

Puisse le vent chasser nos pensées négatives
et faire tomber les barrières que les croyances erronées
ont érigées sur notre chemin.

Puissent l'amour, la joie et les bénédictions accompagner
mon quotidien et celui de toutes les formes de vie
qui peuplent la Terre.

Pour aujourd'hui et tous les jours de ma vie,
je demande la protection, sous les ailes de ceux qui
depuis et pour toujours, me guident.

Le mot du soir

Puisse la lune veiller sur nous cette nuit,
pour que notre âme s'élève et connaisse les réponses
avant même que les questions ne se présentent à nous.

Puissent les étoiles toujours nous guider
et nous rappeler lorsque nous l'oublions,
que tout l'Univers réside en chacun de nous.

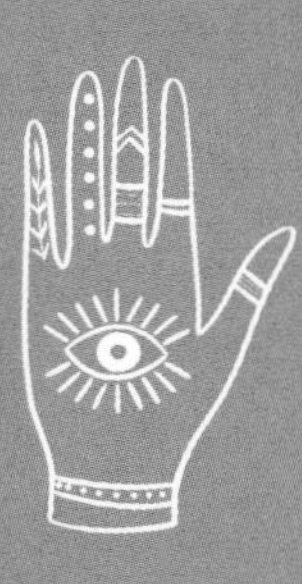

Soigner son corps

Pour un sommeil réparateur

Prendre soin de son corps passe évidemment par de bonnes nuits de sommeil pour recharger les batteries. Comme dit le dicton, « la nuit porte conseil », alors pour profiter des bras de Morphée, voici deux rituels simples pour faciliter l'endormissement et passer une douce nuit…

La tisane de sorcière relaxante

Par Amandine Arcs

INGRÉDIENTS :
- 1 c. à c. de feuilles de passiflore
- 1 c. à c. de feuilles d'oranger
- Miel (selon votre goût)

✸ **Préparation :**
Dans une tasse d'eau portée à ébullition, mélangez la passiflore et la feuille d'oranger. Laissez infuser 10 min, puis filtrez. Préférez le miel, réconfortant, pour sucrer !

Les pierres à glisser sous l'oreiller

Par Mayia Alleaume

Pour un sommeil réparateur et une nuit remplie de doux rêves, glissez sous votre oreiller des pierres roulées préalablement rechargées et purifiées :
• L'hématite pour réparer et protéger le corps et l'esprit ;
• L'améthyste (p. 42) pour élever et retrouver la paix intérieure ;
•Le quartz rose (p. 47) pour apaiser et favoriser l'endormissement.

✷ **Les pierres roulées sont des pierres polies,** douces et arrondies. Même travaillées, les pierres gardent leur énergie et leurs vibrations. Ainsi, aucun risque de se griffer si on dort avec elles.

✷ **Pour recharger vos pierres,** il vous suffit de les déposer sur le rebord de votre fenêtre, un soir de pleine lune.

?

L'hématite

Elle symbolise l'ancrage, l'écoute de soi. Souvent noire et gris argenté, cette pierre protège et équilibre le corps et l'esprit.

✷ **Pour purifier vos pierres**, il existe plusieurs méthodes :
• **La purification par l'eau** : laissez-les tremper dans un bol d'eau (du robinet ou déminéralisée) pendant 2 à 4 heures. Elles se déchargeront ainsi des énergies accumulées lors des rituels. Purifiez-les après chaque usage. Attention cependant, certaines pierres ne supportent pas l'eau (par exemple l'azurite, la célestite, le grenat, la pyrite ou le soufre).

• **La purification par le sel :** placez votre pierre sur un amas de sel marin pour qu'il absorbe les énergies et l'en décharge.

• **L'enfouissement dans la terre :** pour une purification en profondeur, enterrez votre pierre pendant plusieurs semaines. Elle retrouvera une énergie incroyable. Attention à ne pas oublier l'endroit où vous l'avez cachée, et lavez-la bien à l'eau avant de l'utiliser de nouveau.

• **La fumigation :** la méthode la plus douce. Laissez votre pierre sous la fumée d'un encens ou d'un palo santo.

Le bain de la nouvelle lune

Par Sophie Hérolt Petitpas

« Le cycle lunaire est un cycle naturel puissant et accessible. Tous les 28 jours, le timing exact du cycle menstruel de la femme, la Lune danse un ballet céleste visible à l'œil nu. Depuis la nuit des temps, les hommes et les femmes ont suivi le rythme de la Lune, un fil rouge qui leur permettait de cultiver, décompter le temps, se connecter à la nature. Née sous le signe du Cancer (le signe de la Lune), je me sens tout particulièrement reliée à cette boussole. Le bain lunaire est l'un de mes rituels préférés. Je privilégie celui de la nouvelle lune. Ma nature rêveuse me guide naturellement vers ce début de cycle propice à la rêverie et à l'ouverture d'esprit. »

L'énergie de la nouvelle lune

La nouvelle lune lance le coup d'envoi du cycle. Elle est invisible, mais sa présence est intense, subjective et inspirante. La nouvelle lune nous invite à renaître, à ensemencer le nouveau cycle à venir, à poser des intentions. Comme tous les commencements, la situation est encore confuse, embryonnaire. Tout est possible ! La nouvelle lune est un temps d'ouverture, de rêve, de projection et de souhait. Elle appelle un lâcher-prise pour se connecter à son intériorité, à ses désirs et à ses besoins. Le bain de la nouvelle lune est un moment de pure détente, de relaxation et de plaisir : celui d'accueillir ses émotions, ses rêves et ses états d'âmes pour, petit à petit, les transformer en intentions. Selon la saison, ce bain prend une couleur ou une note différente. On passe d'une énergie yin où l'intériorité prend le pas sur l'affirmation à l'automne et à l'hiver, pour ensuite basculer dans la phase yang au printemps et à l'été. Deux saisons où l'on met l'accent sur la manifestation, l'abondance et l'énergie physique. L'influence de la nouvelle lune se fait déjà sentir 3 jours avant le jour J. Nous sommes alors dans la phase balsamique, celle du bilan, du nettoyage énergétique pour accueillir le nouveau cycle. C'est un temps où l'inconscient se manifeste *via* les synchronicités et les rêves. Notez-les, ils vont vous donner des indices sur les graines à semer lors de cette nouvelle lune.

Préparer son bain

Ce bain offre un effet enveloppant, protecteur, confortable. Sa texture, son parfum, ses pouvoirs aromatiques favorisent l'infusion des énergies émergentes, la gestation des idées, l'émergence de la nouveauté. Le but ? Lâcher-prise pour se connecter à sa nature profonde. Ainsi, quelle que soit la saison, privilégiez les bains apaisants, relaxants, régénérants. Soignez le décor et l'ambiance. Préparez un bouquet de fleurs de saison, une playlist relaxante, une bougie, une tisane. Ne vous laissez pas enfermer dans les consignes et les recettes. Suivez votre instinct, il est votre plus solide allié. Envie d'une bougie bleue, va pour une bougie bleue. Ajoutez un cristal, une photo, un objet fétiche, laissez-vous guider par vos envies.

Un bain, une saison, une intention

Ajouter la saisonnalité au cycle lunaire est un vrai plus. Cela permet d'intégrer le cycle solaire marqueur des saisons, et de réaliser ainsi l'union entre le féminin (Lune) et le masculin (Soleil). Voici les 4 intentions générales connectées aux 4 saisons. Ces « mantras » sont les indicatifs d'un état d'esprit. Je vous invite à les reformuler et à les affiner en fonction de vos ressentis et de vos besoins personnels.

✷ **En hiver, je connecte ma force intérieure,** je fais le calme et le silence en moi pour mettre mon corps et mon esprit au repos.

✷ **Au printemps, je connecte mon énergie vitale,** mon élan créateur. Je le laisse sortir, émerger au grand jour.

✷ **En été, je connecte ma créativité,** ma joie de vivre, ma singularité. Je me donne les moyens de m'exprimer et de rayonner.

✷ **À l'automne, je connecte ma sagesse,** mes idées, mes protections et mon savoir-faire. Je remercie la vie ainsi que la nature pour tout ce qu'elle m'a donné et je m'engage à protéger et à conserver ses ressources, comme les miennes.

Les recettes

Mon bain de la nouvelle lune d'hiver

L'ambiance. Disposez des éléments de saison collectés dans la nature (écorce, branches, baies, etc.). Choisissez une bougie de couleur blanche ou violette pour purifier l'atmosphère, ouvrir le champ de conscience et favoriser la relaxation. Préparez une tisane composée de 1 c.à c. de **fleurs de tilleul séchées,** 1 c. à c. de **lavande séchée** et 1 c. à c. de **miel.**

1 Faites couler une eau entre 35 °C et 37 °C.

2 Ajoutez une poignée de **sel de bain classique, d'Epsom ou d'Himalaya**.

3 Ajoutez quelques **feuilles de basilic sacré** ou **tulsi,** une poignée de **fleurs de camomille séchées,** une poignée de **fleurs de chèvrefeuille séchées.**

4 Dans un bol, mélangez un peu de **gel douche naturel inodore** ou d'**eau florale d'hamamélis**, 5 gouttes d'**huile essentielle d'orange douce**, 5 gouttes d'**huile essentielle de santal blanc** et 5 gouttes d'**huile essentielle de camomille romaine**. Versez dans le bain.

Durée : 20 à 25 min

Mon bain de la nouvelle lune de printemps

L'ambiance. Assemblez un bouquet de fleurs de saison. Choisissez une bougie de couleur verte, symbole de jeunesse, de fertilité et d'abondance. Préparez une tisane composée de 1 brin de **romarin**, de 1 c. à c. de **miel** et du zeste de 1 **citron**.

1 Faites couler une eau entre 35 °C et 37 °C.

2 Ajoutez une poignée de **sel de bain classique, d'Epsom** ou **d'Himalaya**.

3 Ajoutez des **pétales de rose**, des **fleurs de lilas** ou de **jacinthe**.

4 Mélangez dans un bol un peu de **gel douche** naturel inodore ou d'**eau florale de rose**, ajoutez 4 gouttes d'**huile essentielle de bergamote**, 4 gouttes d'**huile essentielle de géranium rosat** et 4 gouttes d'**huile essentielle de lavande**. Versez dans le bain.

Durée : 20 à 25 min

Mon bain de la nouvelle lune d'été

L'ambiance. Composez un bouquet de fleurs des champs. Choisissez une bougie de couleur jaune, symbole de créativité, de joie de vivre et de bonheur. Préparez un thé blanc glacé, ajoutez une pêche découpée en dés, le jus de ½ **citron**, 1 brin de **menthe** fraîche et des **glaçons**.

1 Faites couler une eau entre 35 °C et 37 °C.

2 Ajoutez un verre de **lait animal ou végétal.**

3 Ajoutez des **fleurs de lavande**, des **pétales de tournesol** et 1 bâton de **cannelle**.

4 Mélangez dans un bol un peu de gel douche naturel inodore ou d'eau florale de rose, 5 gouttes d'**huile essentielle d'ylang-ylang**, 5 gouttes d'**huile essentielle de néroli** et 5 gouttes d'**huile essentielle de jasmin**. Versez dans le bain.

Durée : 20 à 25 min

ATTENTION !
Avant d'utiliser les huiles essentielles, vérifiez les contre-indications.

Mon bain de la nouvelle lune d'automne

L'ambiance. Disposez quelques fruits, des baies, un brin de blé. Choisissez une bougie de couleur marron, symbole de sécurité, de bien-être, de calme et d'ancrage. Préparez un **thé blanc**, ajoutez quelques gouttes d'**extrait de vanille**, ¼ de c. à c. de **cannelle**, 1 c. à c. de **miel** (facultatif).

1 Faites couler une eau entre 35 °C et 37 °C.

2 Ajoutez des **feuilles de framboisier,** des **feuilles de tilleul**, des **zestes d'orange** et des **graines de grenade**.

3 Mélangez dans un bol un peu de **gel douche naturel** inodore ou du **lait de coco** ou de l'**eau de coco**, 4 gouttes d'**huile essentielle de mélisse**, 4 gouttes d'**huile essentielle de camomille romaine** et 4 gouttes d'**huile essentielle de lavande**. Versez dans le bain.

Durée : 20 à 25 min

ON PEUT TROUVER
DU BONHEUR MÊME
DANS LES MOMENTS
LES PLUS SOMBRES, IL
SUFFIT DE SE SOUVENIR
D'ALLUMER LA LUMIÈRE
Albus Dumbledore

Décupler SON ÉNERGIE sexuelle et sa sensualité

Contacter une déesse sensuelle

PAR KATIA BOUGCHICHE

« Pour nous reconnecter avec notre sensualité, on peut réaliser un rituel de pleine lune en contactant une déesse connue pour sa grande sensualité et lui demander de nous aider à démultiplier notre énergie sexuelle. »

MATÉRIEL :

- 1 bougie rouge ou de la myrrhe ou de l'huile essentielle de jasmin
- 1 verre de vin rouge ou de jus de grenade
- Tout autre accessoire ou objet vous évoquant la sensualité

Choisir sa déesse de la sensualité...

De nombreuses déesses évoquent la sensualité, la sexualité, l'amour et la beauté. Voici 4 déesses qui pourront vous inspirer :
Isis, déesse de la magie sexuelle.
Aphrodite, déesse de l'amour et de la beauté.
Lilith, déesse de la sexualité assumée.
Inanna, déesse de l'amour et de la sexualité.

Le rituel

Choisissez la déesse sensuelle que vous souhaitez invoquer.

Allumez votre bougie rouge qui rappelle le feu de la sensualité, ou faites brûler de la myrrhe ou une huile essentielle de jasmin.

Appelez trois fois par son nom la déesse que vous souhaitez invoquer. Ressentez son énergie et adressez-lui une prière, comme on parle à sa meilleure amie. Demandez-lui, avec vos mots, de vous aider à sentir, à exprimer et à démultiplier votre énergie sexuelle.

Vous pouvez accompagner ce rituel par la dégustation d'un verre de vin ou de jus de grenade. Vous pouvez aussi laisser s'exprimer votre sexualité par une danse sur la musique sensuelle de votre choix. Observez ce qui se passe les jours suivants.

Une huile de massage post-méditation

L'huile de Vénus

Par Aurore, La fille de l'étoile

« J'utilise cette huile pour me masser le corps une fois qu'il a été purifié par un bain ou détendu par une séance de méditation. Elle protège également des énergies négatives et aide à l'acceptation de soi, à l'amour de soi. »

L'AMOUR EST UNE CHANCE

PRÉPARATION : 5 MIN
REPOS : 1 SEMAINE

INGRÉDIENTS :
- 1 c. à c. de fleurs de jasmin
- 1 c. à c. de verveine
- 1 malachite
- 100 ml d'huile d'olive, de préférence bio
- 10 gouttes d'huile essentielle de rose
- 4 gouttes de vitamine E, pour la conservation
- 1 quartz rose (p. 47), pour l'apaisement (facultatif)
- 1 petit pot avec un couvercle

L'assemblage

1 Réalisez la préparation un vendredi : réduisez en poudre les fleurs de jasmin et la verveine.

2 Versez l'ensemble des ingrédients dans un petit pot, puis laissez macérer une semaine.
La préparation se conserve 1 mois maximum à l'abri de la chaleur et de la lumière.

Le rituel

Après un bain purifiant ou une séance de méditation, déposez les pierres devant vous et, en pleine conscience, appliquez l'huile sur votre corps en réalisant des mouvements circulaires.

La malachite

C'est une pierre magnifique avec des nuances vertes magnétiques.
Symbole de calme, elle invite à se dépasser. Elle libère des blocages émotionnels, protège, développe l'énergie positive et absorbe l'énergie négative.

Fragile, la malachite doit être manipulée avec attention. Puisqu'elle agit comme une éponge pour les mauvaises énergies, il faut la purifier souvent.
Vous pouvez utiliser :
• de l'eau (en la rinçant quelques secondes avec de l'eau de source, puis essuyer avec un chiffon doux),
• de la fumée, grâce à de l'encens ou de la sauge.

Après la purification, pour lui redonner sa puissance et la recharger, il suffit de la déposer près d'une lumière naturelle comme le soleil (quand il n'est pas trop fort) ou de l'exposer aux rayons de la lune quelques heures.

Soigner son intérieur

Le bâton de fumigation

Purifier sa maison

Par Josée-Anne Sarazin-Côté

« Depuis des millénaires, les hommes et les femmes brûlent des plantes séchées odorantes lors de cérémonies religieuses ou à des fins médicinales. On utilise souvent le bâton de fumigation pour assainir un espace et dissiper les énergies, les pensées et les esprits négatifs qui peuvent polluer notre quotidien. Plusieurs plantes peuvent servir à la réalisation d'un bâton de fumigation. Je préconise de les confectionner soi-même, avec les plantes que l'on a sous la main. Leurs bienfaits seront plus puissants, et c'est bien plus respectueux pour la planète ! »

NE
RO
LI

MATÉRIEL :
- Plantes séchées de votre choix : sauge blanche, lavande, romarin, cèdre, foin d'odeur, rose, genévrier, armoise...
- 1 bout de ficelle naturelle d'environ 30 cm
- 1 récipient résistant à la chaleur
- Des allumettes
- Du sable ou de l'eau (pour éteindre le bâton de fumigation si vous souhaitez mettre fin au rituel)

Confection

1 Rassemblez les plantes sorcières dont vous disposez chez vous et coupez-les en tiges égales de 15 cm environ.

2 Formez un bouquet, puis attachez les plantes entre elles à l'aide de votre ficelle : commencez par la base du bouquet, remontez en spirale, puis, arrivée au bout du bouquet, redescendez en faisant se croiser la ficelle. Terminez par un nœud bien serré.

Rituel

1 Allumez le bout du bâton, laissez brûler à feu vif quelques secondes puis éteignez la flamme en agitant le bâton dans l'air ou en soufflant dessus.

2 Grâce à la braise créée, dispersez la fumée en agitant le bâton dans les pièces que vous souhaitez purifier.

3 Vous pouvez ensuite laisser le bâton se consumer dans un bol résistant à la chaleur.

4 Veillez à bien ouvrir vos fenêtres pour faire sortir la fumée et les énergies négatives.

5 Pour éteindre le bâton, vous pouvez écraser ses braises, ou le recouvrir d'un peu de sable ou d'eau.

6 Avant de ranger votre bâton de fumigation pour une prochaine utilisation, assurez-vous qu'il est bien éteint.

Le palo santo, un bois sacré devenu populaire !

Si vous n'avez pas le temps ou le matériel pour vous confectionner un bâton de fumigation, vous pouvez aussi faire brûler du bois de palo santo, un arbre sacré d'Amazonie connu pour ses propriétés purifiantes. En voie d'extinction, ce bois est protégé et seules les branches qui tombent naturellement peuvent être exploitées. De nombreuses compagnies profitent de l'engouement pour les pratiques de purification et ne respectent pas ces consignes. Les entreprises éthiques mentionnent systématiquement que le bois a été ramassé naturellement : privilégiez donc ce type de palo santo.

Créer son propre autel

Se créer un autel chez soi, c'est sacraliser un endroit dans sa maison pour méditer, prier, accomplir ses rituels. L'autel n'est pas réservé à une pratique religieuse, il vous permet de matérialiser un endroit sacré où vous pourrez invoquer en toute tranquillité et sérénité les divinités auxquelles vous croyez, et vous connecter à votre pouvoir sacré. Cet autel est le vôtre, il n'y a pas de règles spécifiques pour l'aménager : il doit avant tout vous plaire et vous inspirer.

Spending Summer
Sea. Cooking Pasta
Fresh Linen. Keeping A
House Plant Alive. The
Smell of Rain. First
NE
RO
LI

5 conseils pour créer votre autel

1 **Choisissez un lieu calme, avec peu de passage.** Cela peut être une pièce entière (une chambre inoccupée, un bureau) ou un petit coin préservé de votre intérieur (une alcôve, etc.). L'autel peut-être installé sur une commode, une étagère, un rebord de fenêtre : laissez parler votre instinct.

2 **Déterminez les objets qui vont le composer.** Là encore, vous êtes libre dans le choix des objets : l'important est que chaque élément ait du sens pour vous.

On conseille généralement d'y rappeler les 4 éléments : **la terre** (par des pierres fétiches), **l'eau** (par des coquillages par exemple, ou encore un vase avec des fleurs fraîches), **le feu** (par une ou plusieurs bougies) et **l'air** (par de l'encens, par exemple).

D'autres éléments peuvent composer votre autel : des icônes, des photos d'êtres aimés, des objets personnels (une sculpture, un tableau, des fleurs séchées, etc.). C'est aussi à cet endroit que vous pouvez conserver votre livre de rituels, votre journal de rêves, etc.

3 **Faites-en un endroit cocooning.** Il est essentiel d'être confortablement installée pour être pleinement présente lors de vos rituels ou prières. Placez des coussins devant votre autel, un tapis moelleux, des plaids...

4 **Pensez à le purifier avant chaque début de rituel.** Par exemple, en faisant brûler de l'encens ou un bâton de fumigation. Pour démarrer votre rituel, allumez les bougies de votre autel.

5 **Votre autel évolue avec vous !** Aucun élément de votre autel n'est fixe : ils peuvent évoluer au gré de vos rituels et de vos envies du moment. L'important est qu'il demeure toujours une source d'inspiration, de recueillement et de connexion à vous-même et au divin.

terre

eau

feu

air

là où il y a une femme,
il y a de la magie
NTOZAKE SHANGE

Écouter SES RÊVES

Le verre d'eau

PAR KATIA BOUGCHICHE

« Beaucoup ne parviennent pas à se souvenir de leurs rêves. Pourtant, se souvenir de ses rêves est d'une richesse inouïe. Freud disait que c'était la voie royale pour se connecter à son inconscient, se reconnecter à soi-même et à son âme. On rêve toutes les nuits de messages pour guérir ou pour évoluer. Se souvenir de ses rêves permet de pouvoir être autonome dans sa guérison et dans son évolution, car ils nous apportent la guidance. On peut être complètement autonome dans son chemin de vie quand on a appris à écouter ses rêves. »

MATÉRIEL :

- 1 verre d'eau ou 1 mug de tisane d'armoise

L'armoise est une plante sorcière qui calme l'excitation nerveuse et est particulièrement utilisée dans les rituels de clairvoyance. On dit qu'elle aide à se relaxer tout en permettant à notre esprit de rester éveillé pour accueillir des visions créatrices. Cette tisane est déconseillée aux femmes enceintes.

Le rituel

Avant de vous coucher, versez-vous un verre d'eau ou une tisane d'armoise. Prenez votre verre et mettez-y l'intention de vous souvenir de vos rêves. Vous pouvez fermer les yeux et formuler clairement ce souhait. Puis, buvez votre breuvage et allez vous coucher.

Au réveil, prenez un cahier, que vous consacrerez à l'écriture de vos rêves, et notez tout ce dont vous vous souvenez. Même si ça n'a pas de sens. Au fur et à mesure des nuits, un chemin peut se dessiner.

Il peut arriver que cela ne marche pas du premier coup, ce qui peut être assez décourageant. Ne désespérez pas et persévérez car la nuit dévoile toujours ses mystères !

Dans la nuit du ______________ au ______________

Mes pensées et mes émotions avant de dormir :

L'histoire de mon rêve :

EXEMPLE DE JOURNAL DE RÊVES

Mes émotions au réveil :

Mon interprétation de ce rêve :

Le mandala de pierres

Protéger sa maison

Par Mayia Alleaume

« Protéger sa maison des mauvaises vibrations consiste rarement à lutter contre des énergies négatives qui proviennent de l'extérieur, mais surtout contre celles qui proviennent de nous-mêmes, adressées contre nous-mêmes et-ou nos proches. Un mandala de protection d'une maison se construit donc pour assurer une harmonie dans le foyer, relâcher les tensions et nettoyer nos pensées. »

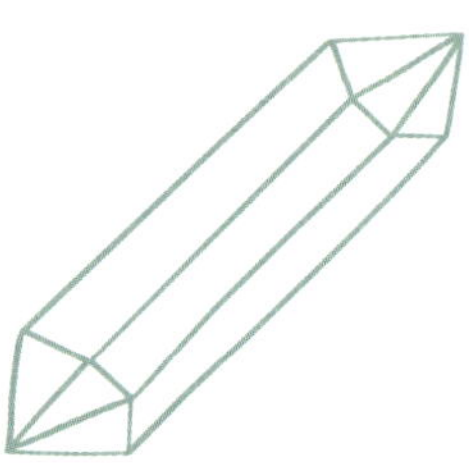

OAK

MATÉRIEL :

- 1 pierre de protection : tourmaline noire (p. 47), obsidienne noire, sélénite, améthyste (p. 42) ou quartz rose (p. 47)
- 6 pierres complémentaires comme l'œil-de-tigre (p. 45)
- 6 pierres d'activation : quartz ou cristal de roche
- Quelques éléments personnels qui vous plaisent : des fleurs fraîches ou séchées, des coquillages, etc. (facultatif)
- 1 grille de mandala imprimée pour savoir comment placer vos pierres (facultatif)

Rituel

Choisissez parmi les formes sacrées qui sont dans la nature : rond, carré, spirale... Ces formes invoquent l'infini, le renouveau, la projection de soi. Les formes les plus utilisées sont la fleur de vie et la graine de vie. Le symbole choisi doit correspondre à votre envie du moment présent, écoutez votre intuition !

C’est quoi, un mandala ?

Mandala vient du sanskrit et signifie « cercle », il symbolise l’ordre cosmique et psychique. Une grille ou mandala de cristaux est un groupe de cristaux disposés selon un motif géométrique qui va amplifier leurs vibrations. Il peut se réaliser dès qu’on en ressent le besoin, même si la nouvelle lune est le moment idéal pour ce rituel. C’est un moment créatif, une méditation ludique qui libère les émotions.

1 **Commencez par le centre de votre mandala** en plaçant votre pierre de protection.

Les pierres centrales sont celles qui portent l'intention principale envoyée à l'Univers.

Choisissez celle qui vous parle le plus :
- **La tourmaline noire** pour rééquilibrer les énergies de la maison, donc de soi-même.
- **L'obsidienne noire,** pour un effet plus puissant. Le noir est protecteur dans l'univers des pierres, il ne faut pas en avoir peur.
- **La sélénite,** pierre bienfaisante, pour nettoyer des énergies négatives.
- **L'améthyste,** pour apaiser et apporter de l'équilibre.
- **Le quartz rose,** pour apporter de l'amour.

2 **En 2e niveau de pierres,** choisissez des pierres complémentaires comme l'œil-de-tigre, qui amène la joie et réactive l'enfant intérieur.

3 **Pour le 3e niveau,** choisissez des pierres qui vont activer et amplifier les pierres précédentes. On privilégie souvent le quartz ou du cristal de roche. Pour cela, le quartz rose, la pierre de cœur, est toujours le bienvenu, car il faut tout faire avec amour.

Pour terminer et renforcer votre mandala, vous pouvez ajouter des cadeaux de la nature : des fleurs fraîches ou séchées, un coquillage ramassé sur la plage, une pierre qui vous rappelle un bon souvenir... Il est important de mettre une bonne énergie en le construisant, une intention positive qui va rayonner dans votre maison.

Obsidienne

Pierre noire volcanique très puissante, elle agit sur les blocages, les chocs et les peurs. Elle protège des ondes négatives et favorise la réalisation des objectifs de la vie. Miroir de l'âme, elle amène à la conscience les éléments cachés dans le subconscient. Bouclier, elle repousse les mauvaises influences pour protéger celui qui la possède.

Sélénite

Pierre de l'apaisement, elle purifie l'air ambiant et diffuse du positif dans votre lieu de vie, tout en le nettoyant de toute colère ou agitation. Placée près du lit, elle favorise un bon endormissement et un sommeil profond. C'est aussi une pierre qui aide à faire table rase du passé pour repartir sur des bases solides.

féminité SACRÉE

Conclusion

Cette page n'est pas la fin de votre grimoire, mais le début d'une formidable aventure intérieure : celle vouée à approfondir la connaissance de votre pouvoir et l'affirmation de votre féminité sacrée.

N'hésitez pas à vous confectionner un carnet de rituels pour noter vos préférés, les variantes que vous avez explorées et surtout, pour écrire vos émotions et vos ressentis. Faites-en votre journal de bord de sorcière moderne. N'oubliez jamais qu'il n'y a pas qu'une façon de pratiquer un rituel : la bonne est celle guidée par votre intuition.

La réalisation de ce carnet personnel peut être un rituel à part entière : si vous êtes à l'aise avec le dessin, laissez parler votre imagination ! Décorez vous-même la couverture, découpez des images et des mots qui vous parlent dans des revues et assemblez-les pour former un tableau qui vous plaît.

Découvrir son pouvoir intérieur est une force à partager. Chacune d'entre nous peut devenir une femme-guide pour d'autres femmes désireuses d'explorer les trésors de leur féminité sacrée. Ce grimoire est le vôtre, il peut aussi se transmettre et se compléter par de nombreux ouvrages à découvrir dans la bibliographie p. 199.

L'aventure ne fait que commencer.

Annexes

Table des matières

Index des plantes et des pierres

Les plantes

Les pierres

Bibliographie

BECHTEL, GUY, *La Sorcière et l'Occident,* Plon, Paris, 1997.

CHABRILLAC, ODILE, *Âme de sorcière ou la magie du féminin*, Solar, Paris, 2017.

CHOLLET, MONA, *Sorcières, la puissance invaincue des femmes*, Zones, Paris, 2018.

GRAY, MIRANDA, *Lune rouge, les forces du cycle féminin*, collection Le Jardin d'Ève, Macro Éditions, Cesena, 2020.

KÉBÉ, FATOUMATA, *La Lune est un roman, histoires, mythes et légendes*, Slatkine et Compagnie, Paris, 2019.

SALOMON, PAULE, *La Femme solaire, la fin de la guerre des sexes*, Albin Michel, Paris, 2016.

SARAZIN-CÔTÉ, JOSÉE-ANNE, *Le Grand Livre du Féminin sacré*, Marabout, Paris, 2019.

VERRYCKEN, SANDRINE, *Rituels de femmes pour créer sa vie en 12 lunes*, in *Mon cahier Happy Moon, rites lunaires tout au long de l'année*, disponible sur astroetik.fr, 2021.

Remerciements

Merci…

Aurore, de nous avoir une nouvelle fois fait confiance pour ce second livre ensemble et de nous avoir suivies dans l'exploration de ce sujet passionnant !

Fanny, d'avoir été d'une grande aide, d'une grande écoute et d'une grande patience pour la réalisation de ce grimoire ! C'est une joie d'avoir pu réaliser ce deuxième livre avec toi.

Katja, d'avoir illustré et donné un supplément d'âme à nos pages grâce à ton talent et ta sensibilité cosmique.

Stéphanie et Sara, d'avoir été un tandem de choc pour le maquettage de ce beau livre.

Zoé Fidji, d'avoir une nouvelle fois sublimé nos rituels de tes clichés magiques !

Mayia Alleaume, Amandine Arcs, Katia Bougchiche, Odile Chabrillac, Josée-Anne Sarazin-Côté, Sophie Hérolt Petitpas, Vanessa Krstic, Sandrine Verrycken et Aurore @lafilledeletoile_ de nous avoir confié les rituels qui rythment vos vies de sorcières modernes.

Pauline de Saint-Sauveur, Marie Masuyer et Sophie Hérolt Petitpas d'avoir prêté une nouvelle fois vos plumes pour l'aboutissement de cet ouvrage.

Hilaire, d'avoir été le challenger et le soutien moral essentiel à l'écriture de ce livre. Merci pour la justesse de tes retours.

Et enfin, merci à nos familles et nos ami(e)s, intrigué(e)s par ce nouveau sujet d'écriture, d'avoir toujours manifesté une grande curiosité et une impatience touchante à voir enfin ce livre sortir. C'est chose faite, régalez-vous !

Pl. 324.
Cone. Conus.
F. 2.
F. 5.
F. 3.

Crédits

Directrice
Aurore Charoy

Éditrice
Fanny Morgensztern

Rédaction
Pauline de Saint-Sauveur, Marie Masuyer
et Sophie Hérolt Petitpas

Conception graphique
DANIELLA.PARIS

Illustrations
© Katja Perez,
sauf pierres, plantes et totems
(pp. 24-37, 40-47, 144-145)
© Sara Princé

Photographies
© Zoé Fidji-Schmidmaier

Imprimé en Espagne par Ingoprint.

ISBN : 978-2-38184-019-2
Dépôt légal 3e trimestre 2021

2, rue Paul-Vaillant-Couturier
92532 Levallois-Perret Cedex

"La MAGIE,
c'est quand
l'ÂME agit."

Maya Angelou

« Nous admirons la beauté du papillon, mais nous admettons rarement les changements indispensables qu'une telle beauté a nécessité. » Acceptez de traverser des périodes transitoires de recherche, d'égarement parfois, pour avancer.

Jeanne d'Arc

Écoutez votre petite voix intérieure. Si vous sentez que c'est le moment de vous lancer ou d'intervenir dans une situation, foncez. Votre force de persuasion fédère autour de vous.

Jacinda Ardern

Faites preuve d'empathie. Si vous avez été déçue ou choquée par la réaction d'un de vos proches, essayez de vous mettre à sa place. C'est en enfilant ses lunettes que vous verrez la situation sous son angle, avec plus de bienveillance.

Joséphine Baker

« Liberté, j'écris ton nom. » Ce vers d'Aragon guide vos pas. Prenez votre indépendance, le moment est venu de briser vos chaînes pour vous débarrasser des reliquats du passé. Engagez-vous pour reprendre votre destin en main.

Hildegarde de Bingen

Écoutez votre voix intérieure, notez vos visions et vos ressentis. Vous êtes inspirée et connectée à l'Univers. Découvrez vos talents de guérisseuse grâce à la magie des plantes. Adoptez une vie saine et naturelle.

Beyoncé

Blues ? Spleen ? Réveillez la femme solaire et battante qui sommeille en vous. Soyez lumière pour vous-même et pour vos proches.
Ne sous-estimez pas votre capacité à rayonner et à inspirer les autres !

Brigid

Connectez-vous à vos cycles naturels physiques, psychiques et émotionnels. Acceptez vos hauts et vos bas, la vie n'est pas un long fleuve tranquille. Visualisez une spirale et entrez en confiance dans le flux de la vie.

Circé

Votre pouvoir de séduction est immense, faites-en bon usage. Votre magie est puissante, mais n'oubliez pas de montrer votre vrai visage. Ouvrez votre cœur, ne vous enfermez pas dans des artifices ou des sortilèges.

Cléopâtre

Les portes vous semblent fermées, les postes squattés par la gent masculine ? Affirmez vos ambitions. Ne lâchez rien ! En amour comme ailleurs, ne laissez personne décider à votre place. Votre courage vous donne des ailes.

Lady Di

Protégez votre vie privée et votre intimité, quitte à vous éloigner un temps des réseaux sociaux ou à faire le tri dans vos relations. Elles sont votre bien le plus précieux. Cultivez le mystère, c'est votre plus grande force.

Olympe de Gouges

Concentrez-vous sur les personnes qui vous tirent vers le haut. Puisez dans leur regard ce qui vous fait avancer et laissez de côté les mauvaises langues. Acceptez qu'on ne puisse pas plaire à tout le monde !

Grand-mère Araignée

Appuyez-vous sur la force du collectif, sur votre communauté et sur vos proches pour avancer. Ne restez pas seule, tissez votre toile et communiquez. Respectez tous les êtres qui vous entourent, accueillez leurs messages.

Guan Yin

La colère, le ressentiment génèrent encore plus de peine. Faites la paix avec vous-même, puis avec votre entourage pour apprendre ensuite à pardonner. Acceptez de l'aide si le chemin du pardon est difficile.

Gisèle Halimi

Lutter (contre ses propres démons, une situation inacceptable, une mauvaise influence) peut être épuisant. Créez-vous des temps et des espaces de repos. Pensez à recharger vos batteries en accueillant avec sagesse ces temps de pause vitale.

Hippolyte

Fendez l'armure, soyez prête à accueillir l'amour. N'écoutez pas les rumeurs sans fondements, suivez votre intuition et votre cœur. Ne négligez pas le masculin qui vit en vous, accueillez son énergie avec bienveillance.

Isis

N'ayez pas peur de votre lumière, de votre pouvoir, de votre créativité. Brillez de mille feux, célébrez votre beauté et votre puissance de femme souveraine. Explorez votre magie, soyez fière de vous et de vos réalisations.

Kali

N'ayez pas peur du mot fin, il doit être posé pour démarrer une nouvelle histoire. Chassez ce qui n'est pas vrai ou bon pour vous. Accompagnez le changement même si vous devez « mourir » pour mieux renaître.

Rupi Kaur

La question n'est pas de savoir si vous l'aimez encore. La question est de savoir si, plus cette relation avance, plus vous vous aimez et restez dans le respect de vous-même.

Chimamanda Ngozi Adichie

Parfois, il est bon de questionner votre propre éducation, vos connaissances et vos croyances. Non dans un défi au monde, mais dans une recherche de la nuance et de la vérité.

Alexandria Ocasio-Cortez

Sortez de votre syndrome de l'imposteur. Vous n'avez pas le *background* classique ? Aucune importance. Vos qualités d'oratrice, votre capacité d'écoute et votre sens de l'empathie font de vous une excellente *leadeuse*.

Michelle Obama

Croyez en vous, ne laissez personne vous fermer les portes : vous avez votre destin en main. Mobilisez votre intelligence, montrez-vous et n'ayez pas peur de briller, c'est pour la bonne cause.

Rosa Parks

Êtes-vous bien à votre place ? Avez-vous déjà cédé à la pression, par peur ou pour avoir la paix ? Si oui, levez-vous, il est temps de dire non et de résister. Rien ni personne ne peut vous empêcher de réaliser vos rêves.

Charlotte Perriand

Imposez-vous, c'est le moment de prendre votre place. Gare à ceux qui voudraient s'accaparer votre travail : protégez votre création tout en gardant votre grandeur d'âme et votre esprit du collectif !

Perséphone

Assumez vos désirs et votre sexualité avant qu'ils ne vous prennent par surprise et vous conduisent sur un chemin plus difficile. Accueillez les mystères de la vie sous toutes ses formes. Écoutez votre instinct, il sait ce qui est bon pour vous.

Niki de Saint Phalle

Faites la paix avec vos vieux démons. Votre capacité de résilience est votre plus grande force. Sachez lâcher prise et accueillir votre part d'ombre pour la transformer en lumière.

Sarasvati

Soyez fière de vos connaissances : transmettez-les sans crainte et en toute confiance. Exprimez-vous : votre parole est précieuse, elle vaut de l'or. Sortez de l'ombre : vos compétences sont réelles, vos talents appréciés.

Vandana Shiva

Reconnectez votre cœur et votre corps à la Terre mère et nourricière. Détachez-vous un moment de votre smartphone et des écrans qui polluent votre esprit et aveuglent votre regard.

Greta Thunberg

Ne vous laissez pas envahir par la peur paralysante ou le désespoir résigné.Vous n'êtes peut-être qu'une goutte d'eau dans l'océan mais votre action compte. Et votre détermination en motivera plus d'un à vous rejoindre.

Simone Veil

Envers et contre tout, vous avez la force de résister face à l'adversité. *Be strong !* Faites fi des insultes et des ricanements, tracez votre chemin avec calme et élégance. Prenez vos responsabilités, vous êtes forte et protégée.

Vierge Marie

Regardez-vous avec douceur et compassion, vous le méritez. Écoutez et parlez à votre enfant intérieur, prenez soin de lui. Rassemblez votre famille et votre communauté pour faire fructifier l'amour en vous et autour de vous.

Virginia Woolf

« La vie est un rêve, c'est le réveil qui nous tue. » Ne vous laissez pas accabler par des désillusions qui vous font perdre le fil de votre grand projet. Cultivez votre gratitude pour voir le positif en chaque chose.

Malala Yousafzai

N'attendez pas qu'il soit trop tard pour déclarer votre flamme, vous réconcilier avec un proche ou vous lancer dans le projet de vos rêves. Balayez vos peurs d'un revers de main. La vie est courte et imprévisible. Croquez-la à pleines dents.